RHINOCÉROS

Né en 1912 à Slatina (Roumanie) d'un père roumain et d'une mère d'origine française, Eugène Ionesco grandit en France où ses parents se sont fixés. En 1925, il retourne en Roumanie pour faire ses études qu'il termine par une licence de français et devient professeur de lycée à Bucarest. Il publie des poèmes et un pamphlet, puis revient en France (1938) où il s'installe définitivement.

C'est une méthode de conversation anglaise qui lui donne en 1948 l'idée de sa première « anti-pièce ». Il est frappé par le comique que provoque le contraste entre le ton grave du livre et les lieux communs des dialogues. La Cantatrice chauve sera créée en 1950.

Ce burlesque d'un emploi tout nouveau au théâtre se retrouve dans La Leçon. D'une pièce à l'autre (presque une par an : Les Chaises, Tueur sans gages, Rhinocéros, Le Roi se meurt, Le Piéton de l'air, etc.), la verve comique d'Eugène Ionesco s'affine, se charge de symboles, se nourrit d'inventions bouffonnes et conquiert une audience toujours plus grande.

Le grand prix littéraire de Monaco lui a été décerné en mai 1969.

M. Bérenger ne trouve pas sa vie d'employé de bureau si exaltante qu'il puisse se passer de réconfort à ses heures de liberté. Cela lui donne un négligé dans l'allure et une nonchalance dans le raisonnement dont s'irrite avec vigueur son ami Jean qu'il a rejoint — en retard, bien entendu — sur la place de leur petite ville, par un beau dimanche matin.

Même l'apparition d'un rhinocéros ne secoue pas son inertie. N'est-ce pourtant pas inouï, invraisemblable, inadmissible? Son manque d'enthousiasme pour en discuter provoque la fureur et le départ de Jean, au grand dam de Bérenger.

Il n'y a bientôt plus un ou deux rhinocéros mais dix, cent, mille qui chargent à travers la ville : les concitoyens de Bérenger, irrésistiblement, se transforment en périssodactyles gris vert ou vert-de-gris ou d'autres couleurs encore, comme on voudra. Même Jean, l'homme fort, en fait autant.

L'aimable Bérenger (qui fut déjà le héros de *Tueur sans gages*) pourra-t-il, voudra-t-il résister à la contagion? C'est là toute la question qui donne à cette comédie à la fois sa drôlerie et sa profondeur, car le burlesque chez Ionesco symbolise toujours quelque chose de fort sérieux.

ŒUVRES D'EUGÈNE IONESCO

nrf

EUGÈNE IONESCO

Rhinocéros

PIÈCE EN TROIS ACTES ET QUATRE TABLEAUX

Analyse stages of how menace progresses.

GALLIMARD

*A Geneviève Serreau
et au Docteur T. Fraenkel.*

PERSONNAGES

par ordre d'entrée en scène :

	TABLEAU
La Ménagère	1er
L'Epicière	1er
Jean	1er, 3e
Bérenger	1er, 2e, 3e, 4e
La Serveuse	1er
L'Epicier	1er
Le Vieux Monsieur	1er
Le Logicien	1er
Le Patron du Café	1er
Daisy.	1er, 2e, 4e
Monsieur Papillon	2e
Dudard	2e, 4e
Botard	2e
Madame Bœuf	2e
Un Pompier	2e
Monsieur Jean	3e
La Femme de Monsieur Jean	3e
Plusieurs Têtes de Rhinocéros.	

ACTE PREMIER

DECOR

Une place dans une petite ville de province. Au fond, une maison composée d'un rez-de-chaussée et d'un étage. Au rez-de-chaussée, la devanture d'une épicerie. On y entre par une porte vitrée qui surmonte deux ou trois marches. Au-dessus de la devanture est écrit en caractères très visibles le mot : « ÉPICERIE ». Au premier étage, deux fenêtres qui doivent être celles du logement des épiciers. L'épicerie se trouve donc dans le fond du plateau, mais assez sur la gauche, pas loin des coulisses. On aperçoit, au-dessus de la maison de l'épicerie, le clocher d'une église, dans le lointain. Entre l'épicerie et le côté droit, la perspective d'une petite rue. Sur la droite, légèrement en biais, la devanture d'un café. Au-dessus du café, un étage avec une fenêtre. Devant la terrasse de ce café : plusieurs tables et chaises s'avancent jusque près du milieu du plateau. Un arbre poussiéreux près des chaises de la terrasse. Ciel bleu, lumière crue, murs très blancs. C'est un dimanche, pas loin de midi, en été. Jean et Bérenger iront s'asseoir à une table de la terrasse.

Avant le lever du rideau, on entend carillonner. Le carillon cessera quelques secondes après le lever du rideau. Lorsque le rideau se lève, une femme portant sous un bras un panier à provisions vide, et sous l'autre un chat, traverse en silence la scène, de droite à gauche. A son passage, l'épicière ouvre la porte de la boutique et la regarde passer.

L'EPICIERE

Ah ! celle-là ! (*A son mari qui est dans la bouti-que.*) Ah ! celle-là, elle est fière. Elle ne veut plus acheter chez nous.

> L'épicière disparaît, plateau vide quel-ques secondes.

> Par la droite, apparaît Jean ; en même temps, par la gauche, apparaît Béren-ger. Jean est très soigneusement vêtu : costume marron, cravate rouge, faux col amidonné, chapeau marron. Il est un peu rougeaud de figure. Il a des souliers jaunes, bien cirés ; Bérenger n'est pas rasé, il est tête nue, les cheveux mal peignés, les vêtements chiffonnés ; tout exprime chez lui la négligence, il a l'air fati-gué, somnolent ; de temps à autre, il bâille.

JEAN, venant de la droite

Vous voilà tout de même, Bérenger.

BERENGER, venant de la gauche

Bonjour, Jean.

JEAN

Toujours en retard, évidemment ! (*Il regarde sa montre-bracelet.*) Nous avions rendez-vous à onze heures trente. Il est bientôt midi.

BERENGER

Excusez-moi. Vous m'attendez depuis long-temps ?

JEAN

Non. J'arrive, vous voyez bien.

> Ils vont s'asseoir à une des tables de la
> terrasse du café.

BERENGER

Alors, je me sens moins coupable, puisque...
vous-même...

JEAN

Moi, c'est pas pareil, je n'aime pas attendre, je
n'ai pas de temps à perdre. Comme vous ne venez
jamais à l'heure, je viens exprès en retard, au
moment où je suppose avoir la chance de vous
trouver.

BERENGER

C'est juste... c'est juste, pourtant...

JEAN

Vous ne pouvez affirmer que vous venez à
l'heure convenue !

BERENGER

Evidemment... je ne pourrais l'affirmer.

> Jean et Bérenger se sont assis.

JEAN

Vous voyez bien.

BERENGER

Qu'est-ce que vous buvez ?

JEAN

Vous avez soif, vous, dès le matin ?

BERENGER

Il fait tellement chaud, tellement sec.

JEAN

Plus on boit, plus on a soif, dit la science populaire...

BÉRENGER

Il ferait moins sec, on aurait moins soif si on pouvait faire venir dans notre ciel des nuages scientifiques.

JEAN, examinant Bérenger

Ça ne ferait pas votre affaire. Ce n'est pas d'eau que vous avez soif, mon cher Bérenger...

BÉRENGER

Que voulez-vous dire par là, mon cher Jean ?

JEAN

Vous me comprenez très bien. Je parle de l'aridité de votre gosier. C'est une terre insatiable.

BÉRENGER

Votre comparaison, il me semble...

JEAN, l'interrompant

Vous êtes dans un triste état, mon ami.

BÉRENGER

Dans un triste état, vous trouvez ?

JEAN

Je ne suis pas aveugle. Vous tombez de fatigue, vous avez encore perdu la nuit, vous bâillez, vous êtes mort de sommeil...

BÉRENGER

J'ai un peu mal aux cheveux...

JEAN

Vous puez l'alcool !

BERENGER

J'ai un petit peu la gueule de bois, c'est vrai !

JEAN

Tous les dimanches matin, c'est pareil, sans compter les jours de la semaine.

BERENGER

Ah ! non, en semaine, c'est moins fréquent, à cause du bureau...

JEAN

Et votre cravate, où est-elle ? Vous l'avez perdue dans vos ébats !

BERENGER, mettant la main à son cou

Tiens, c'est vrai, c'est drôle, qu'est-ce que j'ai bien pu en faire ?

JEAN, sortant une cravate de la poche de son veston

Tenez, mettez celle-ci.

BERENGER

Oh ! merci, vous êtes bien obligeant.

Il noue la cravate à son cou.

JEAN, pendant que Bérenger noue sa cravate au petit bonheur

Vous êtes tout décoiffé ! (*Bérenger passe les doigts dans ses cheveux.*) Tenez, voici un peigne !

Il sort un peigne de l'autre poche de son veston.

BERENGER, prenant le peigne

Merci.

Il se peigne vaguement.

JEAN

Vous ne vous êtes pas rasé ! Regardez la tête que vous avez.

> Il sort une petite glace de la poche inté-
> rieure de son veston, la tend à Béren-
> ger qui s'y examine ; en se regardant
> dans la glace, il tire la langue.

BERENGER

J'ai la langue bien chargée.

JEAN, reprenant la glace et la remettant dans sa poche

Ce n'est pas étonnant !... (*Il reprend aussi le peigne que lui tend Bérenger et le remet dans sa poche*). La cirrhose vous menace, mon ami.

BERENGER, inquiet

Vous croyez ?...

JEAN, à Bérenger qui veut lui rendre la cravate

Gardez la cravate, j'en ai en réserve.

BERENGER, admiratif

Vous êtes soigneux, vous.

JEAN, continuant d'inspecter Bérenger

Vos vêtements sont tout chiffonnés, c'est lamen-table, votre chemise est d'une saleté repoussante, vos souliers... (*Bérenger essaye de cacher ses pieds sous la table.*) Vos souliers ne sont pas cirés... Quel désordre !... Vos épaules...

BERENGER

Qu'est-ce qu'elles ont, mes épaules ?...

JEAN

Tournez-vous. Allez, tournez-vous. Vous vous êtes appuyé contre un mur... (*Bérenger étend mollement sa main vers Jean.*) Non, je n'ai pas de brosse sur moi. Cela gonflerait les poches. (*Toujours mollement, Bérenger donne des tapes sur ses épaules pour en faire sortir la poussière blanche ; Jean écarte la tête.*) Oh ! là là... Où donc avez-vous pris cela ?

BERENGER

Je ne m'en souviens pas.

JEAN

C'est lamentable, lamentable ! J'ai honte d'être votre ami.

BERENGER

Vous êtes bien sévère...

JEAN

On le serait à moins !

BERENGER

Ecoutez, Jean. Je n'ai guère de distractions, on s'ennuie dans cette ville, je ne suis pas fait pour le travail que j'ai... tous les jours, au bureau, pendant huit heures, trois semaines seulement de vacances en été ! Le samedi soir, je suis plutôt fatigué, alors, vous me comprenez, pour me détendre...

JEAN

Mon cher, tout le monde travaille et moi aussi, moi aussi comme tout le monde, je fais tous les jours mes huit heures de bureau, moi aussi, je n'ai que vingt et un jours de congé par an, et pourtant, pourtant vous me voyez. De la volonté, que diable !...

BERENGER

Oh ! de la volonté, tout le monde n'a pas la vôtre. Moi je ne m'y fais pas. Non, je ne m'y fais pas, à la vie.

JEAN

Tout le monde doit s'y faire. Seriez-vous une nature supérieure ?

BERENGER

Je ne prétends pas...

JEAN, interrompant

Je vous vaux bien ; et même, sans fausse modestie, je vaux mieux que vous. L'homme supérieur est celui qui remplit son devoir.

BERENGER

Quel devoir ?

JEAN

Son devoir... son devoir d'employé par exemple...

BERENGER

Ah ! oui, son devoir d'employé...

JEAN

Où donc ont eu lieu vos libations cette nuit ? Si vous vous en souvenez !

BERENGER

Nous avons fêté l'anniversaire d'Auguste, notre ami Auguste...

JEAN

Notre ami Auguste ? On ne m'a pas invité, moi, pour l'anniversaire de notre ami Auguste...

> A ce moment, on entend le bruit très éloigné, mais se rapprochant très vite, d'un souffle de fauve et de sa course précipitée, ainsi qu'un long barrissement.

BERENGER

Je n'ai pas pu refuser. Cela n'aurait pas été gentil...

JEAN

Y suis-je allé, moi ?

BERENGER

C'est peut-être, justement, parce que vous n'avez pas été invité !...

LA SERVEUSE, sortant du café

Bonjour, Messieurs, que désirez-vous boire ?

> Les bruits sont devenus très forts.

JEAN, à Bérenger et criant presque pour se faire entendre, au-dessus des bruits qu'il ne perçoit pas consciemment

Non, il est vrai, je n'étais pas invité. On ne m'a pas fait cet honneur... Toutefois, je puis vous assurer que même si j'avais été invité, je ne serais pas venu, car... (*Les bruits sont devenus énormes.*) Que se passe-t-il ? (*Les bruits du galop d'un animal puissant et lourd sont tout proches, très accélérés ; on entend son halètement.*) Mais qu'est-ce que c'est ?

LA SERVEUSE

Mais qu'est-ce que c'est ?

> Bérenger, toujours indolent, sans avoir l'air d'entendre quoi que ce soit, répond tranquillement à Jean au sujet de l'invitation ; il remue les lèvres ; on n'entend pas ce qu'il dit ; Jean se lève d'un bond, fait tomber sa chaise en se levant, regarde du côté de la coulisse gauche, en montrant du doigt, tandis que Bérenger, toujours un peu vaseux, reste assis.

JEAN

Oh ! un rhinocéros ! (*Les bruits produits par l'animal s'éloigneront à la même vitesse, si bien que l'on peut déjà distinguer les paroles qui suivent ; toute cette scène doit être jouée très vite, répétant :*) Oh ! un rhinocéros !

LA SERVEUSE

Oh ! un rhinocéros !

L'EPICIERE, qui montre sa tête par la porte de l'épicerie

Oh ! un rhinocéros ! (*A son mari, resté dans la boutique :*) Viens vite voir, un rhinocéros !

Tous suivent du regard, à gauche, la course du fauve.

JEAN

Il fonce droit devant lui, frôle les étalages !

L'EPICIER, dans sa boutique

Où ça ?

LA SERVEUSE, mettant les mains sur les hanches

Oh !

L'EPICIERE, à son mari qui est toujours dans sa boutique.

Viens voir !

Juste à ce moment l'Epicier montre sa tête.

L'EPICIER, montrant sa tête

Oh ! un rhinocéros !

LE LOGICIEN, venant vite en scène par la gauche

Un rhinocéros, à toute allure sur le trottoir d'en face !

Toutes ces répliques, à partir de : « oh !
un rhinocéros ! » dit par Jean sont presque simultanées. On entend un « ah ! »
poussé par une femme. Elle apparaît.
Elle court jusqu'au milieu du plateau ; c'est la Ménagère avec son
panier au bras ; une fois arrivée au
milieu du plateau, elle laisse tomber
son panier ; ses provisions se répan-
dent sur la scène, une bouteille se
brise, mais elle ne lâche pas le chat
tenu sous l'autre bras.

LA MENAGERE

Ah ! Oh !

Le Vieux Monsieur élégant venant de
la gauche, à la suite de la Ménagère,
se précipite dans la boutique des épiciers, les bouscule, entre, tandis que
le Logicien ira se plaquer contre le
mur du fond, à gauche de l'entrée de
l'épicerie. Jean et la Serveuse debout,
Bérenger assis, toujours apathique,
forment un autre groupe. En même
temps, on a pu entendre en prove-
nance de la gauche des « oh ! », des
« ah ! », des pas de gens qui fuient.
La poussière, soulevée par le fauve, se
répand sur le plateau.

LE PATRON, sortant sa tête par la fenêtre
à l'étage au-dessus du café

Que se passe-t-il ?

LE VIEUX MONSIEUR, disparaissant derrière
les épiciers

Pardon !

Le Vieux Monsieur élégant a des guê-
tres blanches, un chapeau mou, une
canne à pommeau d'ivoire ; le Logicien est plaqué contre le mur, il a
une petite moustache grise, des lor-
gnons, il est coiffé d'un canotier.

L'EPICIERE, bousculée et bousculant son mari, au Vieux Monsieur

Attention, vous, avec votre canne !

L'EPICIER

Non, mais des fois, attention !

On verra la tête du Vieux Monsieur derrière les épiciers.

LA SERVEUSE, au Patron

Un rhinocéros !

LE PATRON, de sa fenêtre, à la Serveuse

Vous rêvez ! (*Voyant le rhinocéros :*) Oh ! ça alors !

LA MENAGERE

Ah ! (Les « oh » et les « ah » des coulisses sont comme un arrière-fond sonore à son « ah » à elle ; la Ménagère, qui a laissé tomber son panier à provisions et la bouteille, n'a donc pas laissé tomber son chat qu'elle tient sous l'autre bras.) Pauvre minet, il a eu peur !

LE PATRON, regardant toujours vers la gauche, suivant des yeux la course de l'animal, tandis que les bruits produits par celui-ci vont en décroissant : sabots, barrissements, etc. Bérenger, lui, écarte simplement un peu la tête, à cause de la poussière, un peu endormi, sans rien dire ; il fait simplement une grimace

Ça alors !

JEAN, écartant lui aussi un peu la tête, mais avec vivacité

Ça alors !

Il éternue.

LA MENAGERE, au milieu du plateau, mais elle s'est retournée vers la gauche ; les provisions sont répandues par terre autour d'elle

Ça alors !

> Elle éternue.

LE VIEUX MONSIEUR, L'EPICIERE, L'EPICIER, au fond, réouvrant la porte vitrée de l'épicerie, que le Vieux Monsieur avait refermée derrière lui

Ça alors !

JEAN

Ça alors ! (*A Bérenger :*) Vous avez vu ?

> Les bruits produits par le rhinocéros, son barrissement, se sont bien éloignés ; les gens suivent encore du regard l'animal, debout, sauf Bérenger, toujours apathique et assis.

TOUS, sauf Bérenger

Ça alors !

BERENGER, à Jean

Il me semble, oui, c'était un rhinocéros ! Ça en fait de la poussière !

> Il sort son mouchoir, se mouche.

LA MENAGERE

Ça alors ! Ce que j'ai eu peur !

L'EPICIER, à la Ménagère

Votre panier... vos provisions...

LE VIEUX MONSIEUR, s'approchant de la Dame et se baissant pour ramasser les provisions éparpillées sur le plancher. Il la salue galamment, enlevant son chapeau.

LE PATRON

Tout de même, on n'a pas idée...

LA SERVEUSE

Par exemple !...

LE VIEUX MONSIEUR, à la Dame

Voulez-vous me permettre de vous aider à ramasser vos provisions ?

LA DAME, au Vieux Monsieur

Merci, Monsieur. Couvrez-vous, je vous prie. Oh ! ce que j'ai eu peur.

LE LOGICIEN

La peur est irrationnelle. La raison doit la vaincre.

LA SERVEUSE

On ne le voit déjà plus.

LE VIEUX MONSIEUR, à la Ménagère, montrant le Logicien

Mon ami est logicien.

JEAN, à Bérenger

Qu'est-ce que vous en dites ?

LA SERVEUSE

Ça va vite ces animaux-là !

LA MENAGERE, au Logicien

Enchantée, Monsieur.

L'EPICIERE, à l'Epicier

C'est bien fait pour elle. Elle ne l'a pas acheté chez nous.

JEAN, au Patron et à la Serveuse

Qu'est-ce que vous en dites ?

LA MENAGERE

Je n'ai quand même pas lâché mon chat.

LE PATRON, haussant les épaules, à la fenêtre

On voit pas ça souvent !

LA MENAGERE, au Logicien, tandis
que le Vieux Monsieur ramasse les provisions

Voulez-vous le garder un instant ?

LA SERVEUSE, à Jean

J'en avais jamais vu !

LE LOGICIEN, à la Ménagère,
prenant le chat dans ses bras

Il n'est pas méchant ?

LE PATRON, à Jean

C'est comme une comète !

LA MENAGERE, au Logicien

Il est gentil comme tout. (*Aux autres.*) Mon
vin, au prix où il est !

L'EPICIER, à la Ménagère

J'en ai, c'est pas ça qui manque !

JEAN, à Bérenger

Dites, qu'est-ce que vous en dites ?

L'EPICIER, à la Ménagère

Et du bon !

LE PATRON, à la Serveuse

Ne perdez pas votre temps ! Occupez-vous de ces Messieurs !

Il montre Bérenger et Jean, il rentre sa tête.

BERENGER, à Jean

De quoi parlez-vous ?

L'EPICIERE, à l'Epicier

Va donc lui porter une autre bouteille !

JEAN, à Bérenger

Du rhinocéros, voyons, du rhinocéros !

L'EPICIER, à la Ménagère

J'ai du bon vin, dans des bouteilles incassables !

Il disparaît dans la boutique.

LE LOGICIEN, caressant le chat dans ses bras

Minet ! minet ! minet !

LA SERVEUSE, à Bérenger et à Jean

Que voulez-vous boire ?

BERENGER, à la Serveuse

Deux pastis !

LA SERVEUSE

Bien, Monsieur.

Elle se dirige vers l'entrée du café.

LA MENAGERE, ramassant ses provisions, aidée par le Vieux Monsieur

Vous êtes bien aimable, Monsieur.

LA SERVEUSE

Alors, deux pastis !

Elle entre dans le café.

LE VIEUX MONSIEUR, à la Ménagère

C'est la moindre des choses, chère Madame.

L'Epicière entre dans sa boutique.

LE LOGICIEN, au Monsieur, à la Ménagère,
qui sont en train de ramasser les provisions

Remettez-les méthodiquement.

JEAN, à Bérenger

Alors, qu'est-ce que vous en dites ?

BERENGER, à Jean, ne sachant quoi dire

Ben... rien... Ça fait de la poussière...

L'EPICIER, sortant de la boutique
avec une bouteille de vin, à la Ménagère

J'ai aussi des poireaux.

LE LOGICIEN, toujours caressant le chat
dans ses bras

Minet ! minet ! minet !

L'EPICIER, à la Ménagère

C'est cent francs le litre.

LA MENAGERE, donnant l'argent à l'Epicier,
puis s'adressant au Vieux Monsieur qui a réussi
à tout remettre dans le panier

Vous êtes bien aimable. Ah ! la politesse française ! C'est pas comme les jeunes d'aujourd'hui.

L'EPICIER, prenant l'argent de la Ménagère

Il faudra venir acheter chez nous. Vous n'aurez pas à traverser la rue. Vous ne risquerez plus les mauvaises rencontres !

Il rentre dans sa boutique.

JEAN, qui s'est rassis et pense toujours
au rhinocéros

C'est tout de même extraordinaire !

LE VIEUX MONSIEUR, il soulève son chapeau,
baise la main de la Ménagère

Très heureux de vous connaître !

LA MENAGERE, au Logicien

Merci, Monsieur, d'avoir tenu mon chat.

Le Logicien rend le chat à la Ménagère.
La Serveuse réapparaît avec les con-
sommations.

LA SERVEUSE

Voici vos pastis, Messieurs !

JEAN, à Bérenger

Incorrigible !

LE VIEUX MONSIEUR, à la Ménagère

Puis-je vous faire un bout de conduite ?

BERENGER, à Jean, montrant la Serveuse
qui rentre de nouveau dans la boutique

J'avais demandé de l'eau minérale. Elle s'est
trompée.

Jean hausse les épaules, méprisant et
incrédule.

LA MENAGERE, au Vieux Monsieur

Mon mari m'attend, cher Monsieur. Merci. Ce
sera pour une autre fois !

LE VIEUX MONSIEUR, à la Ménagère

Je l'espère de tout mon cœur, chère Madame.

LA MENAGERE, au Vieux Monsieur

Moi aussi !

> Yeux doux, puis elle sort par la gauche.

BERENGER

Il n'y a plus de poussière...

> Jean hausse de nouveau les épaules.

LE VIEUX MONSIEUR, au Logicien,
suivant du regard la Ménagère

Délicieuse !...

JEAN, à Bérenger

Un rhinocéros ! Je n'en reviens pas !

> Le Vieux Monsieur et le Logicien se
> dirigent vers la droite, doucement, par
> où ils vont sortir. Ils devisent tran-
> quillement.

LE VIEUX MONSIEUR, au Logicien, après avoir jeté
un dernier coup d'œil en direction de la Ménagère

Charmante, n'est-ce pas ?

LE LOGICIEN, au Vieux Monsieur

Je vais vous expliquer le syllogisme.

LE VIEUX MONSIEUR

Ah ! oui, le syllogisme !

JEAN, à Bérenger

Je n'en reviens pas ! C'est inadmissible.

> Bérenger bâille.

LE LOGICIEN, au Vieux Monsieur

Le syllogisme comprend la proposition princi-
pale, la secondaire et la conclusion.

LE VIEUX MONSIEUR

Quelle conclusion ?

> Le Logicien et le Vieux Monsieur sortent.

JEAN

Non, je n'en reviens pas.

BERENGER, à Jean

Ça se voit que vous n'en revenez pas. C'était un rhinocéros, eh bien, oui, c'était un rhinocéros !... Il est loin... il est loin...

JEAN

Mais voyons, voyons... C'est inouï ! Un rhinocéros en liberté dans la ville, cela ne vous surprend pas ? On ne devrait pas le permettre ! (*Bérenger bâille.*) Mettez donc la main devant votre bouche !...

BERENGER

Ouais... ouais... On ne devrait pas le permettre. C'est dangereux. Je n'y avais pas pensé. Ne vous en faites pas, nous sommes hors d'atteinte.

JEAN

Nous devrions protester auprès des autorités municipales ! A quoi sont-elles bonnes les autorités municipales ?

BERENGER, bâillant, puis mettant vivement la main à sa bouche

Oh ! pardon... Peut-être que le rhinocéros s'est-il échappé du jardin zoologique !

JEAN

Vous rêvez debout !

BERENGER

Je suis assis.

JEAN

Assis ou debout, c'est la même chose.

BERENGER

Il y a tout de même une différence.

JEAN

Il ne s'agit pas de cela.

BERENGER

C'est vous qui venez de dire que c'est la même chose, d'être assis ou debout...

JEAN

Vous avez mal compris. Assis ou debout, c'est la même chose, quand on rêve !...

BERENGER

Eh oui, je rêve... La vie est un rêve.

JEAN, continuant

...Vous rêvez quand vous dites que le rhinocéros s'est échappé du jardin zoologique...

BERENGER

J'ai dit : peut-être...

JEAN, continuant

...car il n'y a plus de jardin zoologique dans notre ville depuis que les animaux ont été décimés par la peste... il y a fort longtemps...

BERENGER, même indifférence

Alors, peut-être vient-il du cirque ?

JEAN

De quel cirque parlez-vous ?

BERENGER

Je ne sais pas... un cirque ambulant.

JEAN

Vous savez bien que la mairie a interdit aux nomades de séjourner sur le territoire de la commune... Il n'en passe plus depuis notre enfance.

BERENGER, s'empêchant de bâiller
et n'y arrivant pas

Dans ce cas, peut-être était-il depuis lors resté caché dans les bois marécageux des alentours ?

JEAN, levant les bras au ciel

Les bois marécageux des alentours ! Les bois marécageux des alentours ! Mon pauvre ami, vous êtes tout à fait dans les brumes épaisses de l'alcool.

BERENGER, naïf

Ça c'est vrai... elles montent de l'estomac...

JEAN

Elles vous enveloppent le cerveau. Où connaissez-vous des bois marécageux dans les alentours ?... Notre province est surnommée : « *La petite Castille* » tellement elle est désertique !

BERENGER, excédé et assez fatigué

Que sais-je alors ? Peut-être s'est-il abrité sous un caillou ?... Peut-être a-t-il fait son nid sur une branche desséchée ?...

JEAN

Si vous vous croyez spirituel, vous vous trompez, sachez-le ! Vous êtes ennuyeux avec... avec vos paradoxes ! Je vous tiens pour incapable de parler sérieusement !

BERENGER

Aujourd'hui, aujourd'hui seulement... A cause de... parce que je...

Il montre sa tête d'un geste vague.

JEAN

Aujourd'hui, autant que d'habitude !

BERENGER

Pas autant, tout de même.

JEAN

Vos mots d'esprit ne valent rien !

BERENGER

Je ne prétends nullement...

JEAN, l'interrompant

Je déteste qu'on se paie ma tête !

BERENGER, la main sur le cœur

Je ne me permettrais jamais, mon cher Jean...

JEAN, l'interrompant

Mon cher Bérenger, vous vous le permettez...

BERENGER

Non, ça non, je ne me le permets pas.

JEAN

Si, vous venez de vous le permettre !

BERENGER

Comment pouvez-vous penser...

JEAN, l'interrompant

Je pense ce qui est !

BERENGER

Je vous assure...

JEAN, l'interrompant

...Que vous vous payez ma tête !

BERENGER

Vraiment, vous êtes têtu.

JEAN

Vous me traitez de bourrique, par-dessus le marché. Vous voyez bien, vous m'insultez.

BERENGER

Cela ne peut pas me venir à l'esprit.

JEAN

Vous n'avez pas d'esprit !

BERENGER

Raison de plus pour que cela ne me vienne pas à l'esprit.

JEAN

Il y a des choses qui viennent à l'esprit même de ceux qui n'en ont pas.

BERENGER

Cela est impossible.

JEAN

Pourquoi cela est-il impossible ?

BERENGER

Parce que c'est impossible.

JEAN

Expliquez-moi pourquoi cela est impossible, puisque vous prétendez être en mesure de tout expliquer...

BERENGER

Je n'ai jamais prétendu une chose pareille.

JEAN

Alors, pourquoi vous en donnez-vous l'air ! Et, encore une fois, pourquoi m'insultez-vous ?

BERENGER

Je ne vous insulte pas. Au contraire. Vous savez à quel point je vous estime.

JEAN

Si vous m'estimez, pourquoi me contredisez-vous en prétendant qu'il n'est pas dangereux de laisser courir un rhinocéros en plein centre de la ville, surtout un dimanche matin, quand les rues sont pleines d'enfants... et aussi d'adultes...

BERENGER

Beaucoup sont à la messe. Ceux-là ne risquent rien...

JEAN, l'interrompant

Permettez... à l'heure du marché, encore.

BERENGER

Je n'ai jamais affirmé qu'il n'était pas dangereux de laisser courir un rhinocéros dans la ville.
J'ai dit tout simplement que je n'avais pas réfléchi
à ce danger. Je ne me suis pas posé la question.

JEAN

Vous ne réfléchissez jamais à rien !

BERENGER

Bon, d'accord. Un rhinocéros en liberté, ça
n'est pas bien.

JEAN

Cela ne devrait pas exister.

BERENGER

C'est entendu. Cela ne devrait pas exister. C'est
même une chose insensée. Bien. Pourtant, ce n'est
pas une raison de vous quereller avec moi pour ce
fauve. Quelle histoire me cherchez-vous à cause
d'un quelconque périssodactyle qui vient de passer tout à fait par hasard, devant nous ? Un qua-
drupède stupide qui ne mérite même pas qu'on
en parle ! Et féroce en plus... Et qui a disparu
aussi, qui n'existe plus. On ne va pas se préoccu-
per d'un animal qui n'existe pas. Parlons d'autre
chose, mon cher Jean, parlons d'autre chose, les
sujets de conversation ne manquent pas... (*Il
bâille, il prend son verre.*) A votre santé !

> A ce moment, le Logicien et le Vieux
> Monsieur entrent de nouveau, par la
> droite ; ils iront s'installer, tout en
> parlant, à une des tables de la ter-
> rasse du café, assez loin de Bérenger
> et de Jean, en arrière et à droite de
> ceux-ci.

JEAN

Laissez ce verre sur la table. Ne le buvez pas.

Jean boit une grande gorgée de son pastis et pose le verre à moitié vide sur
la table. Bérenger continue de tenir
son verre dans la main, sans le poser,
sans oser le boire non plus.

BERENGER

Je ne vais tout de même pas le laisser au
patron !

Il fait mine de vouloir boire.

JEAN

Laissez-le, je vous dis.

BERENGER

Bon. (*Il veut remettre le verre sur la table. A ce
moment passe Daisy, jeune dactylo blonde, qui
traverse le plateau, de droite à gauche. En apercevant Daisy, Bérenger se lève brusquement et en
se levant, il fait un geste maladroit ; le verre
tombe et mouille le pantalon de Jean.*) Oh !
Daisy.

JEAN

Attention ! Que vous êtes maladroit.

BERENGER

C'est Daisy... excusez-moi.. (*Il va se cacher,
pour ne pas être vu par Daisy.*) Je ne veux pas
qu'elle me voie... dans l'état où je suis.

JEAN

Vous êtes impardonnable, absolument impardonnable ! (*Il regarde vers Daisy qui disparaît.*)
Cette jeune fille vous effraie ?

BERENGER

Taisez-vous, taisez-vous.

JEAN

Elle n'a pas l'air méchant, pourtant !

BERENGER, revenant vers Jean une fois que Daisy a disparu

Excusez-moi, encore une fois, pour...

JEAN

Voilà ce que c'est de boire, vous n'êtes plus maître de vos mouvements, vous n'avez plus de force dans les mains, vous êtes ahuri, esquinté. Vous creusez votre propre tombe, mon cher ami. Vous vous perdez.

BERENGER

Je n'aime pas tellement l'alcool. Et pourtant si je ne bois pas, ça ne va pas. C'est comme si j'avais peur, alors je bois pour ne plus avoir peur.

JEAN

Peur de quoi ?

BERENGER

Je ne sais pas trop. Des angoisses difficiles à définir. Je me sens mal à l'aise dans l'existence, parmi les gens, alors je prends un verre. Cela me calme, cela me détend, j'oublie.

JEAN

Vous vous oubliez !

BERENGER

Je suis fatigué, depuis des années fatigué. J'ai du mal à porter le poids de mon propre corps...

JEAN

C'est de la neurasthénie alcoolique, la mélancolie du buveur de vin...

BÉRENGER, continuant

Je sens à chaque instant mon corps, comme s'il était de plomb, ou comme si je portais un autre homme sur le dos. Je ne me suis pas habitué à moi-même. Je ne sais pas si je suis moi. Dès que je bois un peu, le fardeau disparaît, et je me reconnais, je deviens moi.

JEAN

Des élucubrations ! Bérenger, regardez-moi. Je pèse plus que vous. Pourtant, je me sens léger, léger, léger !

> Il bouge ses bras comme s'il allait s'envoler. Le Vieux Monsieur et le Logicien qui sont de nouveau entrés sur le plateau ont fait quelques pas sur la scène en devisant. Juste à ce moment, ils passent à côté de Jean et de Bérenger. Un bras de Jean heurte très fort le Vieux Monsieur qui bascule dans les bras du Logicien.

LE LOGICIEN, continuant la discussion

Un exemple de syllogisme... (*Il est heurté.*) Oh !...

LE VIEUX MONSIEUR, à Jean

Attention. (*Au Logicien.*) Pardon.

JEAN, au Vieux Monsieur

Pardon.

LE LOGICIEN, au Vieux Monsieur

Il n'y a pas de mal.

LE VIEUX MONSIEUR, à Jean

Il n'y a pas de mal.

> Le Vieux Monsieur et le Logicien vont s'asseoir à l'une des tables de la terrasse, un peu à droite et derrière Jean et Bérenger.

BERENGER, à Jean

Vous avez de la force.

JEAN

Oui, j'ai de la force, j'ai de la force pour plusieurs raisons. D'abord, j'ai de la force parce que j'ai de la force, ensuite j'ai de la force parce que j'ai de la force morale. J'ai aussi de la force parce que je ne suis pas alcoolisé. Je ne veux pas vous vexer, mon cher ami, mais je dois vous dire que c'est l'alcool qui pèse en réalité.

LE LOGICIEN, au Vieux Monsieur

Voici donc un syllogisme exemplaire. Le chat a quatre pattes. Isidore et Fricot ont chacun quatre pattes. Donc Isidore et Fricot sont chats.

LE VIEUX MONSIEUR, au Logicien

Mon chien aussi a quatre pattes.

LE LOGICIEN, au Vieux Monsieur

Alors, c'est un chat.

BERENGER, à Jean

Moi, j'ai à peine la force de vivre. Je n'en ai plus envie peut-être.

LE VIEUX MONSIEUR, au Logicien
après avoir longuement réfléchi

Donc, logiquement, mon chien serait un chat.

LE LOGICIEN, au Vieux Monsieur

Logiquement, oui. Mais le contraire est aussi vrai.

BERENGER, à Jean

La solitude me pèse. La société aussi.

JEAN, à Bérenger

Vous vous contredisez. Est-ce la solitude qui pèse, ou est-ce la multitude ? Vous vous prenez pour un penseur et vous n'avez aucune logique.

LE VIEUX MONSIEUR, au Logicien

C'est très beau, la logique.

LE LOGICIEN, au Vieux Monsieur

A condition de ne pas en abuser.

BERENGER, à Jean

C'est une chose anormale de vivre.

JEAN

Au contraire. Rien de plus naturel. La preuve : tout le monde vit.

BERENGER

Les morts sont plus nombreux que les vivants. Leur nombre augmente. Les vivants sont rares.

JEAN

Les morts, ça n'existe pas, c'est le cas de le dire !... Ah ! Ah !... (*Gros rire.*) Ceux-là aussi vous pèsent ? Comment peuvent peser des choses qui n'existent pas ?

BERENGER

Je me demande moi-même si j'existe !

JEAN, à Bérenger

Vous n'existez pas, mon cher, parce que vous ne pensez pas ! Pensez, et vous serez.

LE LOGICIEN, au Vieux Monsieur

Autre syllogisme : tous les chats sont mortels. Socrate est mortel. Donc Socrate est un chat.

LE VIEUX MONSIEUR

Et il a quatre pattes. C'est vrai, j'ai un chat qui s'appelle Socrate.

LE LOGICIEN

Vous voyez....

JEAN, à Bérenger

Vous êtes un farceur, dans le fond. Un menteur. Vous dites que la vie ne vous intéresse pas. Quelqu'un, cependant, vous intéresse !

BERENGER

Qui ?

JEAN

Votre petite camarade de bureau, qui vient de passer. Vous en êtes amoureux !

LE VIEUX MONSIEUR, au Logicien

Socrate était donc un chat !

LE LOGICIEN, au Vieux Monsieur

La logique vient de nous le révéler.

JEAN, à Bérenger

Vous ne vouliez pas qu'elle vous voie dans le triste état où vous vous trouviez. (*Geste de Bérenger.*) Cela prouve que tout ne vous est pas indifférent. Mais comment voulez-vous que Daisy soit séduite par un ivrogne ?

LE LOGICIEN, au Vieux Monsieur

Revenons à nos chats.

LE VIEUX MONSIEUR, au Logicien

Je vous écoute.

BERENGER, à Jean

De toute façon, je crois qu'elle a déjà quelqu'un en vue.

JEAN, à Bérenger

Qui donc ?

BERENGER

Dudard. Un collègue du bureau : licencié en droit, juriste, grand avenir dans la maison, de l'avenir dans le cœur de Daisy ; je ne peux pas rivaliser avec lui.

LE LOGICIEN, au Vieux Monsieur

Le chat Isidore a quatre pattes.

LE VIEUX MONSIEUR

Comment le savez-vous ?

LE LOGICIEN

C'est donné par hypothèse.

BERENGER, à Jean

Il est bien vu par le chef. Moi, je n'ai pas d'avenir, pas fait d'études, je n'ai aucune chance.

LE VIEUX MONSIEUR, au Logicien

Ah ! par hypothèse !

JEAN, à Bérenger

Et vous renoncez, comme cela...

BERENGER, à Jean

Que pourrais-je faire ?

LE LOGICIEN, au Vieux Monsieur

Fricot aussi a quatre pattes. Combien de pattes auront Fricot et Isidore ?

LE VIEUX MONSIEUR, au Logicien

Ensemble ou séparément ?

JEAN, à Bérenger

La vie est une lutte, c'est lâche de ne pas combattre !

LE LOGICIEN, au Vieux Monsieur

Ensemble, ou séparément, c'est selon.

BERENGER, à Jean

Que voulez-vous, je suis désarmé.

JEAN

Armez-vous, mon cher, armez-vous.

LE VIEUX MONSIEUR, au Logicien
après avoir péniblement réfléchi

Huit, huit pattes.

LE LOGICIEN

La logique mène au calcul mental.

LE VIEUX MONSIEUR

Elle a beaucoup de facettes !

BERENGER, à Jean

Où trouver les armes ?

LE LOGICIEN, au Vieux Monsieur

La logique n'a pas de limites !

JEAN

En vous-même. Par votre volonté.

BERENGER, à Jean

Quelles armes ?

LE LOGICIEN, au Vieux Monsieur

Vous allez voir...

JEAN, à Bérenger

Les armes de la patience, de la culture, les armes de l'intelligence. (*Bérenger bâille.*) Devenez un esprit vif et brillant. Mettez-vous à la page.

BERENGER, à Jean

Comment se mettre à la page ?

LE LOGICIEN, au Vieux Monsieur

J'enlève deux pattes à ces chats. Combien leur en restera-t-il à chacun ?

LE VIEUX MONSIEUR

C'est compliqué.

BERENGER, à Jean

C'est compliqué.

LE LOGICIEN, au Vieux Monsieur

C'est simple au contraire.

LE VIEUX MONSIEUR, au Logicien

C'est facile pour vous, peut-être, pas pour moi.

BERENGER, à Jean

C'est facile pour vous, peut-être, pas pour moi.

LE LOGICIEN, au Vieux Monsieur

Faites un effort de pensée, voyons. **Appliquez-vous.**

JEAN, à Bérenger

Faites un effort de pensée, voyons. **Appliquez-vous.**

LE VIEUX MONSIEUR, au Logicien

Je ne vois pas.

BERENGER, à Jean

Je ne vois vraiment pas.

LE LOGICIEN, au Vieux Monsieur

On doit tout vous dire.

JEAN, à Bérenger

On doit tout vous dire.

LE LOGICIEN, au Vieux Monsieur

Prenez une feuille de papier, calculez. On **enlève** six pattes aux deux chats, combien de pattes restera-t-il à chaque chat ?

LE VIEUX MONSIEUR

Attendez...

Il calcule sur une feuille de papier qu'il tire de sa poche.

JEAN

Voilà ce qu'il faut faire : vous vous **habillez** correctement, vous vous rasez tous les jours, **vous** mettez une chemise propre.

BERENGER, à Jean

C'est cher, le blanchissage...

JEAN, à Bérenger

Economisez sur l'alcool. Ceci, pour l'extérieur : chapeau, cravate comme celle-ci, costume élégant, chaussures bien cirées.

> En parlant des éléments vestimentaires, Jean montre avec fatuité, son propre chapeau, sa propre cravate, ses propres souliers.

LE VIEUX MONSIEUR, au Logicien

Il y a plusieurs solutions possibles.

LE LOGICIEN, au Vieux Monsieur

Dites.

BERENGER, à Jean

Ensuite, que faire ? Dites...

LE LOGICIEN, au Vieux Monsieur

Je vous écoute.

BERENGER, à Jean

Je vous écoute.

JEAN, à Bérenger

Vous êtes timide, mais vous avez des dons.

BERENGER, à Jean

Moi, j'ai des dons ?

JEAN

Mettez-les en valeur. Il faut être dans le coup. Soyez au courant des événements littéraires et culturels de notre époque.

LE VIEUX MONSIEUR, au Logicien

Une première possibilité : un chat peut avoir quatre pattes, l'autre deux.

BERENGER, à Jean

J'ai si peu de temps libre.

LE LOGICIEN

Vous avez des dons, il suffisait de les mettre en valeur.

JEAN

Le peu de temps libre que vous avez, mettez-le donc à profit. Ne vous laissez pas aller à la dérive.

LE VIEUX MONSIEUR

Je n'ai guère eu le temps. J'ai été fonctionnaire.

LE LOGICIEN, au Vieux Monsieur

On trouve toujours le temps de s'instruire.

JEAN, à Bérenger

On a toujours le temps.

BERENGER, à Jean

C'est trop tard.

LE VIEUX MONSIEUR, au Logicien

C'est un peu tard, pour moi.

JEAN, à Bérenger

Il n'est jamais trop tard.

LE LOGICIEN, au Vieux Monsieur

Il n'est jamais trop tard.

JEAN, à Bérenger

Vous avez huit heures de travail, comme moi,
comme tout le monde, mais le dimanche, mais le
soir, mais les trois semaines de vacances en été ?
Cela suffit, avec de la méthode.

LE LOGICIEN, au Vieux Monsieur

Alors, les autres solutions ? Avec méthode, avec
méthode...

Le Monsieur se met à calculer de nouveau.

JEAN, à Bérenger

Tenez, au lieu de boire et d'être malade, ne
vaut-il pas mieux être frais et dispos, même au
bureau ? Et vous pouvez passer vos moments dis-
ponibles d'une façon intelligente.

BERENGER, à Jean

C'est-à-dire ?...

JEAN, à Bérenger

Visitez les musées, lisez des revues littéraires,
allez entendre des conférences. Cela vous sortira
de vos angoisses, cela vous formera l'esprit. En
quatre semaines, vous êtes un homme cultivé.

BERENGER, à Jean

Vous avez raison !

LE VIEUX MONSIEUR, au Logicien

Il peut y avoir un chat à cinq pattes...

JEAN, à Bérenger

Vous le dites vous-même.

LE VIEUX MONSIEUR, au Logicien

Et un autre chat à une patte. Mais alors seront-
ils toujours des chats ?

LE LOGICIEN, au Vieux Monsieur

Pourquoi pas ?

JEAN, à Bérenger

Au lieu de dépenser tout votre argent disponible en spiritueux, n'est-il pas préférable d'acheter des billets de théâtre pour voir un spectacle intéressant ? Connaissez-vous le théâtre d'avantgarde, dont on parle tant ? Avez-vous vu les pièces de Ionesco ?

BERENGER, à Jean

Non, hélas ! J'en ai entendu parler seulement.

LE VIEUX MONSIEUR, au Logicien

En enlevant les deux pattes sur huit, des deux chats...

JEAN, à Bérenger

Il en passe une, en ce moment. Profitez-en.

LE VIEUX MONSIEUR

Nous pouvons avoir un chat à six pattes...

BERENGER

Ce sera une excellente initiation à la vie artistique de notre temps.

LE VIEUX MONSIEUR, au Logicien

Et un chat, sans pattes du tout.

BERENGER

Vous avez raison, vous avez raison. Je vais me mettre à la page, comme vous dites.

LE LOGICIEN, au Vieux Monsieur

Dans ce cas, il y aurait un chat privilégié.

BERENGER, à Jean

` Je vous le promets.

JEAN

Promettez-le-vous à vous-même, surtout.

LE VIEUX MONSIEUR

Et un chat aliéné de toutes ses pattes, dé-
classé ?

BERENGER

Je me le promets solennellement. Je tiendrai
parole à moi-même.

LE LOGICIEN

Cela ne serait pas juste. Donc ce ne serait pas
logique.

BERENGER, à Jean

Au lieu de boire, je décide de cultiver mon
esprit. Je me sens déjà mieux. J'ai déjà la tête
plus claire.

JEAN

Vous voyez bien !

LE VIEUX MONSIEUR, au Logicien

Pas logique ?

BERENGER

Dès cet après-midi, j'irai au musée municipal.
Pour ce soir, j'achète deux places au théâtre.
M'accompagnez-vous ?

LE LOGICIEN, au Vieux Monsieur

Car la justice, c'est la logique.

JEAN, à Bérenger

Il faudra persévérer. Il faut que vos bonnes intentions durent.

LE VIEUX MONSIEUR, au Logicien

Je saisis. La justice...

BERENGER, à Jean

Je vous le promets, je me le promets. M'accompagnez-vous au musée cet après-midi ?

JEAN, à Bérenger

Cet après-midi, je fais la sieste, c'est dans mon programme.

LE VIEUX MONSIEUR, au Logicien

La justice, c'est encore une facette de la logique.

BERENGER, à Jean

Mais, vous voulez bien venir avec moi ce soir au théâtre ?

JEAN

Non, pas ce soir.

LE LOGICIEN, au Vieux Monsieur

Votre esprit s'éclaire !

JEAN, à Bérenger

Je souhaite que vous persévériez dans vos bonnes intentions. Mais, ce soir, je dois rencontrer des amis à la brasserie.

BERENGER

A la brasserie ?

LE VIEUX MONSIEUR, au Logicien

D'ailleurs, un chat sans pattes du tout...

JEAN, à Bérenger

J'ai promis d'y aller. Je tiens mes promesses.

LE VIEUX MONSIEUR, au Logicien

...ne pourrait plus courir assez vite pour attraper les souris.

BERENGER, à Jean

Ah ! mon cher, c'est à votre tour de donner le mauvais exemple ! Vous allez vous enivrer.

LE LOGICIEN, au Vieux Monsieur

Vous faites déjà des progrès en logique !

> On commence de nouveau à entendre, se rapprochant toujours très vite, un galop rapide, un barrissement, les bruits précipités des sabots d'un rhinocéros, son souffle bruyant, mais cette fois, en sens inverse, du fond de la scène, vers le devant, toujours en coulisse, à gauche.

JEAN, furieux, à Bérenger

Mon cher ami, une fois n'est pas coutume. Aucun rapport avec vous. Car vous... vous... ce n'est pas la même chose...

BERENGER, à Jean

Pourquoi ne serait-ce pas la même chose !

JEAN, criant pour dominer le bruit
venant de la boutique

Je ne suis pas un ivrogne, moi !

LE LOGICIEN, au Vieux Monsieur

Même sans pattes, le chat doit attraper les souris. C'est dans sa nature.

BERENGER, criant très fort

Je ne veux pas dire que vous êtes un ivrogne. Mais pourquoi le serais-je, moi, plus que vous, dans un cas semblable ?

LE VIEUX MONSIEUR, criant au Logicien

Qu'est-ce qui est dans la nature du chat ?

JEAN, à Bérenger ; même jeu

Parce que tout est affaire de mesure. Contrairement à vous, je suis un homme mesuré.

LE LOGICIEN, au Vieux Monsieur,
mains en cornet à l'oreille

Qu'est-ce que vous dites ?

Grands bruits couvrant les paroles des
quatre personnages.

BERENGER, mains en cornet à l'oreille, à Jean

Tandis que moi, quoi, qu'est-ce que vous dites ?

JEAN, hurlant

Je dis que...

LE VIEUX MONSIEUR, hurlant

Je dis que...

JEAN, prenant conscience des bruits
qui sont très proches

Mais, que se passe-t-il ?

LE LOGICIEN

Mais qu'est-ce que c'est ?

JEAN, se lève, fait tomber sa chaise en se levant, regarde vers la coulisse gauche d'où proviennent les bruits d'un rhinocéros passant en sens inverse

Oh ! un rhinocéros !

LE LOGICIEN, se lève, fait tomber sa chaise

Oh ! un rhinocéros !

LE VIEUX MONSIEUR, même jeu

Oh ! un rhinocéros !

BERENGER, toujours assis,
mais plus réveillé cette fois

Rhinocéros ! en sens inverse. *(in opposite direction)*

LA SERVEUSE, sortant avec un plateau
et des verres

Qu'est-ce que c'est ? Oh ! un rhinocéros !

Elle laisse tomber le plateau ; les verres se brisent.

LE PATRON, sortant de la boutique

Qu'est-ce que c'est ?

LA SERVEUSE, au Patron

Un rhinocéros !

LE LOGICIEN

Un rhinocéros, à toute allure sur le trottoir *pavement*
d'en face !

L'EPICIER, sortant de la boutique

Oh ! un rhinocéros !

JEAN

Oh ! un rhinocéros !

L'EPICIERE, sortant la tête par la fenêtre, au-dessus de la boutique

Oh ! un rhinocéros !

LE PATRON, à la Serveuse

Ce n'est pas une raison pour casser les verres.

JEAN

Il fonce droit devant lui, frôle les étalages.

DAISY, venant de la gauche

Oh ! un rhinocéros !

BERENGER, apercevant Daisy

Oh ! Daisy !

On entend des pas précipités de gens qui fuient, des oh !, des ah !, comme tout à l'heure.

LA SERVEUSE

Ça alors !

LE PATRON, à la Serveuse

Vous me la paierez, la casse !

Bérenger essaie de se dissimuler, pour ne pas être vu par Daisy. Le Vieux Monsieur, le Logicien, l'Epicière, l'Epicier, se dirigent vers le milieu du plateau et disent :

ENSEMBLE

Ça alors !

JEAN et BERENGER

Ça alors !

> On entend un miaulement déchirant,
> puis le cri, tout aussi déchirant, d'une
> femme.

TOUS

Oh !

> Presque au même instant, et tandis
> que les bruits s'éloignent rapidement,
> apparaît la Ménagère de tout à
> l'heure, sans son panier, mais tenant
> dans ses bras un chat tué et ensan-
> glanté.

LA MENAGERE, se lamentant

Il a écrasé mon chat, il a écrasé mon chat !

LA SERVEUSE

Il a écrasé son chat !

> L'Epicier, l'Epicière, à la fenêtre, le
> Vieux Monsieur, Daisy, le Logicien,
> entourent la Ménagère, ils disent :

ENSEMBLE

Si c'est pas malheureux, pauvre petite bête !

LE VIEUX MONSIEUR

Pauvre petite bête !

DAISY et LA SERVEUSE

Pauvre petite bête !

L'EPICIER, L'EPICIERE, à la fenêtre, LE VIEUX MONSIEUR, LE LOGICIEN

Pauvre petite bête !

LE PATRON à la Serveuse, montrant
les verres brisés, les chaises renversées

Que faites-vous donc ? Ramassez-moi cela !

A leur tour, Jean et Bérenger se précipitent, entourent la Ménagère qui se
lamente toujours, le chat mort dans
ses bras.

LA SERVEUSE, se dirigeant vers la terrasse du café
pour ramasser les débris de verres et les chaises
renversées, tout en regardant en arrière, vers
la Ménagère

Oh ! pauvre petite bête !

LE PATRON, indiquant du doigt, à la Serveuse,
les chaises et les verres brisés

Là, là !

LE VIEUX MONSIEUR, à l'Epicier

Qu'est-ce que vous en dites ?

BERENGER, à la Ménagère

Ne pleurez pas, Madame, vous nous fendez le
cœur !

DAISY, à Bérenger

Monsieur Bérenger... Vous étiez là ? Vous avez
vu ?

BERENGER, à Daisy

Bonjour, mademoiselle Daisy, je n'ai pas eu le
temps de me raser, excusez-moi de...

LE PATRON, contrôlant le ramassage des débris
puis jetant un coup d'œil vers la Ménagère

Pauvre petite bête !

LA SERVEUSE, ramassant les débris,
le dos tourné à la Ménagère

Pauvre petite bête !

> Evidemment, toutes ces répliques doivent être dites très rapidement, presque simultanément.

L'EPICIERE, à la fenêtre

Ça, c'est trop fort !

JEAN

Ça, c'est trop fort !

LA MENAGERE, se lamentant et berçant
le chat mort dans ses bras

Mon pauvre Mitsou, mon pauvre Mitsou !

LE VIEUX MONSIEUR, à la Ménagère

J'aurais aimé vous revoir en d'autres circonstances !

LE LOGICIEN, à la Ménagère

Que voulez-vous, Madame, tous les chats sont mortels ! Il faut se résigner.

LA MENAGERE, se lamentant

Mon chat, mon chat, mon chat !

LE PATRON, à la Serveuse, qui a le tablier
plein de brisures de verre

Allez, portez cela à la poubelle ! (*Il a relevé les chaises.*) Vous me devez mille francs !

LA SERVEUSE, rentrant dans la boutique ;
au Patron

Vous ne pensez qu'à vos sous.

L'EPICIERE, à la Ménagère, de la fenêtre
Calmez-vous, Madame.

LE VIEUX MONSIEUR, à la Ménagère
Calmez-vous, chère Madame.

L'EPICIERE, de la fenêtre
Ça fait de la peine, quand même !

LA MENAGERE
Mon chat ! mon chat ! mon chat !

DAISY
Ah ! oui, ça fait de la peine quand même.

LE VIEUX MONSIEUR, soutenant la Ménagère
et se dirigeant avec elle à une table de la terrasse ; il est suivi de tous les autres
Asseyez-vous là, Madame.

JEAN, au Vieux Monsieur
Qu'est-ce que vous en dites ?

L'EPICIER, au Logicien
Qu'est-ce que vous en dites ?

L'EPICIERE, à Daisy, de la fenêtre
Qu'est-ce que vous en dites ?

LE PATRON, à la Serveuse qui réapparaît, tandis
qu'on fait asseoir, à une des tables de la terrasse,
la Ménagère en larmes, berçant toujours le chat
mort
Un verre d'eau pour Madame.

LE VIEUX MONSIEUR, à la Dame
Asseyez-vous, chère Madame !

JEAN

Pauvre femme !

L'EPICIERE, de la fenêtre

Pauvre bête !

BERENGER, à la Serveuse

Apportez-lui un cognac plutôt.

LE PATRON, à la Serveuse

Un cognac ! (*Montrant Bérenger.*) C'est Monsieur qui paye !

      La Serveuse entre dans la boutique en disant :

LA SERVEUSE

Entendu, un cognac !

LA MENAGERE, sanglotant

Je n'en veux pas, je n'en veux pas !

L'EPICIER

Il est déjà passé tout à l'heure devant la boutique.

JEAN, à l'Epicier

Ça n'était pas le même !

L'EPICIER, à Jean

Pourtant...

L'EPICIERE

Oh ! si, c'était le même.

DAISY

C'est la deuxième fois qu'il en passe ?

LE PATRON

Je crois que c'était le même.

JEAN

Non, ce n'était pas le même rhinocéros. Celui de tout à l'heure avait deux cornes sur le nez, c'était un rhinocéros d'Asie ; celui-ci n'en avait qu'une, c'était un rhinocéros d'Afrique !

> La Serveuse sort avec un verre de cognac, le porte à la Dame.

LE VIEUX MONSIEUR

Voilà du cognac pour vous remonter.

LA MENAGERE, en larmes

Noon...

BERENGER, soudain énervé, à Jean

stupidités

Vous dites des sottises !... Comment avez-vous pu distinguer les cornes ! Le fauve est passé à une telle vitesse, à peine avons-nous pu l'apercevoir...

DAISY, à la Ménagère

Mais si, ça vous fera du bien !

LE VIEUX MONSIEUR, à Bérenger

En effet, il allait vite.

LE PATRON, à la Ménagère

Goûtez-y, il est bon.

BERENGER, à Jean

Vous n'avez pas eu le temps de compter ses cornes...

L'EPICIERE, à la Serveuse, de sa fenêtre
Faites-la boire.

BERENGER, à Jean
En plus, il était enveloppé d'un nuage de poussière...

DAISY, à la Ménagère
Buvez, Madame.

LE VIEUX MONSIEUR, à la même
Un petit coup, ma chère petite Dame... courage...

> La Serveuse fait boire la Ménagère, en
> portant le verre à ses lèvres ; celle-ci
> fait mine de refuser, et boit quand
> même.

LA SERVEUSE
Voilà !

L'EPICIERE, de sa fenêtre, et DAISY
Voilà !

JEAN, à Bérenger
Moi, je ne suis pas dans le brouillard. Je calcule vite, j'ai l'esprit clair !

LE VIEUX MONSIEUR, à la Ménagère
Ça va mieux ?

BERENGER, à Jean
Il fonçait tête baissée, voyons.

LE PATRON, à la Ménagère
N'est-ce pas qu'il est bon !

JEAN, à Bérenger
Justement, on voyait mieux.

LA MENAGERE, après avoir bu

Mon chat !

BERENGER, irrité, à Jean

Sottises ! Sottises !　*stupidités*

L'EPICIERE, de sa fenêtre, à la Ménagère

J'ai un autre chat, pour vous.

JEAN, à Bérenger

Moi ? Vous osez prétendre que je dis des sottises ?

LA MENAGERE, à l'Epicière

Je n'en veux pas d'autre !

> Elle sanglote, en berçant son chat.

BERENGER, à Jean

Oui, parfaitement, des sottises.

LE PATRON, à la Ménagère

Faites-vous une raison !

JEAN, à Bérenger

Je ne dis jamais de sottises, moi !

LE VIEUX MONSIEUR, à la Ménagère

Soyez philosophe !

BERENGER, à Jean

Et vous n'êtes qu'un prétentieux ! (*Elevant la voix :*) Un pédant...

LE PATRON, à Jean et à Bérenger

Messieurs, Messieurs !

BERENGER, à Jean, continuant

...Un pédant, qui n'est pas sûr de ses connais-sances, car, d'abord, c'est le rhinocéros d'Asie qui a une corne sur le nez, le rhinocéros d'Afrique, lui, en a deux...

> Les autres personnages délaissent la Ménagère, et vont entourer Jean et Bérenger qui discutent très fort.

JEAN, à Bérenger

Vous vous trompez, c'est le contraire !

LA MENAGERE, seule

Il était si mignon !

BERENGER

Voulez-vous parier ?

LA SERVEUSE

Ils veulent parier !

DAISY, à Bérenger

Ne vous énervez pas, monsieur Bérenger.

JEAN, à Bérenger

Je ne parie pas avec vous. Les deux cornes, c'est vous qui les avez ! Espèce d'Asiatique !

LA SERVEUSE

Oh !

L'EPICIERE, de la fenêtre, à l'Epicier

Ils vont se battre.

L'EPICIER, à l'Epicière

Penses-tu, c'est un pari !

LE PATRON, à Jean et à Bérenger

Pas de scandale ici.

LE VIEUX MONSIEUR

Voyons... Quelle espèce de rhinocéros n'a qu'une corne sur le nez ? (*A l'Epicier :*) Vous qui êtes commerçant, vous devez savoir !

L'EPICIERE, de la fenêtre, à l'Epicier

Tu devrais savoir !

BERENGER, à Jean

Je n'ai pas de corne. Je n'en porterai jamais !

L'EPICIER, au Vieux Monsieur

Les commerçants ne peuvent pas tout savoir !

JEAN, à Bérenger

Si !

BERENGER, à Jean

Je ne suis pas Asiatique non plus. D'autre part, les Asiatiques sont des hommes comme tout le monde...

LA SERVEUSE

Oui, les Asiatiques sont des hommes comme vous et moi...

LE VIEUX MONSIEUR, au Patron

C'est juste !

LE PATRON, à la Serveuse

On ne vous demande pas votre avis !

DAISY, au Patron

Elle a raison. Ce sont des hommes comme nous.

La Ménagère continue de se lamenter, pendant toute cette discussion.

LA MENAGERE

Il était si doux, il était comme nous.

JEAN, hors de lui

Ils sont jaunes !

Le Logicien, à l'écart, entre la Ménagère et le groupe qui s'est formé autour de Jean et de Bérenger, suit la controverse attentivement, sans y participer.

JEAN

Adieu, Messieurs ! (*A Bérenger :*) Vous, je ne vous salue pas !

LA MENAGERE, même jeu

Il nous aimait tellement !

Elle sanglote.

DAISY

Voyons, monsieur Bérenger, voyons, monsieur Jean...

LE VIEUX MONSIEUR

J'ai eu des amis asiatiques. Peut-être n'étaient-ils pas de vrais Asiatiques...

LE PATRON

J'en ai connu des vrais.

LA SERVEUSE, à l'Epicière

J'ai eu un ami asiatique.

LA MENAGERE, même jeu

Je l'ai eu tout petit !

JEAN, toujours hors de lui

Ils sont jaunes ! jaunes ! très jaunes !

BERENGER, à Jean

En tout.cas, vous, vous êtes écarlate !

L'EPICIERE, de la fenêtre et LA SERVEUSE

Oh !

LE PATRON

Ça tourne mal !

LA MENAGERE, même jeu

Il était si propre ! Il faisait dans sa sciure !

JEAN, à Bérenger

Puisque c'est comme ça, vous ne me verrez plus ! Je perds mon temps avec un imbécile de votre espèce.

LA MENAGERE, même jeu

Il se faisait comprendre !

> Jean sort vers la droite, très vite, furieux. Il se retourne toutefois avant de sortir pour de bon.

LE VIEUX MONSIEUR, à l'Epicier

Il y a aussi des Asiatiques blancs, noirs, bleus, d'autres comme nous.

JEAN, à Bérenger

Ivrogne !

> Tous le regardent consternés.

BERENGER, en direction de Jean
Je ne vous permets pas !

TOUS, en direction de Jean
Oh !

LA MENAGERE, même jeu
Il ne lui manquait que la parole. Même pas !

DAISY, à Bérenger
Vous n'auriez pas dû le mettre en colère.

BERENGER, à Daisy
Ce n'est pas ma faute...

LE PATRON, à la Serveuse
Allez chercher un petit cercueil, pour cette pauvre bête...

LE VIEUX MONSIEUR, à Bérenger
Je pense que vous avez raison. Le rhinocéros d'Asie a deux cornes, le rhinocéros d'Afrique en a une...

L'EPICIER
Monsieur soutenait le contraire.

DAISY, à Bérenger
Vous avez eu tort tous les deux !

LE VIEUX MONSIEUR, à Bérenger
Vous avez tout de même eu raison.

LA SERVEUSE, à la Ménagère
Venez, Madame, on va le mettre en boîte.

LA MENAGERE, sanglotant éperdument
Jamais ! jamais !

L'EPICIER

Je m'excuse ; moi, je pense que c'est monsieur Jean qui avait raison.

DAISY, se tournant vers la Ménagère

Soyez raisonnable, Madame !

> Daisy et la Serveuse entraînent la Ménagère, avec son chat mort, vers l'entrée du café.

LE VIEUX MONSIEUR, à Daisy et à la Serveuse

Voulez-vous que je vous accompagne ?

L'EPICIER

Le rhinocéros d'Asie a une corne, le rhinocéros d'Afrique, deux. Et vice-versa.

DAISY, au Vieux Monsieur

Ce n'est pas la peine.

> Daisy et la Serveuse entrent dans le café, entraînant la Ménagère toujours inconsolée.

L'EPICIERE, à l'Epicier, de sa fenêtre

Oh ! toi, toujours des idées pas comme tout le monde !

BERENGER, à part
tandis que les autres continuent de discuter
au sujet des cornes du rhinocéros

Daisy a raison, je n'aurais pas dû le contredire.

LE PATRON, à l'Epicière

Votre mari a raison, le rhinocéros d'Asie a deux cornes, celui d'Afrique doit en avoir deux, et vice-versa.

BERENGER, à part

Il ne supporte pas la contradiction. La moindre objection le fait écumer.

LE VIEUX MONSIEUR, au Patron

Vous faites erreur, mon ami.

LE PATRON, au Vieux Monsieur

Je vous demande bien pardon !...

BERENGER, à part

La colère est son seul défaut.

L'EPICIERE, de sa fenêtre, au Vieux Monsieur,
au Patron et à l'Epicier

Peut-être sont-ils tous les deux pareils.

BERENGER, à part

Dans le fond, il a un cœur d'or, il m'a rendu d'innombrables services.

LE PATRON, à l'Epicière

L'autre ne peut qu'en avoir une, si l'un en a deux.

LE VIEUX MONSIEUR

Peut-être c'est l'un qui en a une, c'est l'autre qui en a deux.

BERENGER, à part

Je regrette de ne pas avoir été plus conciliant. Mais pourquoi s'entête-t-il ? Je ne voulais pas le pousser à bout. (*Aux autres.*) Il soutient toujours des énormités ! Il veut toujours épater tout le monde par son savoir. Il n'admet jamais qu'il pourrait se tromper.

LE VIEUX MONSIEUR, à Bérenger

Avez-vous des preuves ?

BERENGER

A quel sujet ?

LE VIEUX MONSIEUR

Votre affirmation de tout à l'heure qui a provoqué votre fâcheuse controverse avec votre ami.

L'EPICIER, à Bérenger

Oui, avez-vous des preuves ?

LE VIEUX MONSIEUR, à Bérenger

Comment savez-vous que l'un des deux rhinocéros a deux cornes et l'autre une ? Et lequel ?

L'EPICIERE

Il ne le sait pas plus que nous.

BERENGER

D'abord, on ne sait pas s'il y en a eu deux. Je crois même qu'il n'y a eu qu'un rhinocéros.

LE PATRON

Admettons qu'il y en ait eu deux. Qui est unicorne, le rhinocéros d'Asie ?

LE VIEUX MONSIEUR

Non. C'est le rhinocéros d'Afrique qui est bicornu. Je le crois.

LE PATRON

Qui est bicornu ?

L'EPICIER

Ce n'est pas celui d'Afrique.

L'EPICIERE

Il n'est pas facile de se mettre d'accord.

LE VIEUX MONSIEUR

Il faut tout de même élucider ce problème.

LE LOGICIEN, sortant de sa réserve

Messieurs, excusez-moi d'intervenir. Là n'est pas la question. Permettez-moi de me présenter...

LA MENAGERE, en larmes

C'est un Logicien !

LE PATRON

Oh ! il est Logicien !

LE VIEUX MONSIEUR, présentant le Logicien
à Bérenger

Mon ami, le Logicien !

BERENGER

Enchanté, Monsieur.

LE LOGICIEN, continuant

...Logicien professionnel : voici ma carte d'iden-tité.

        Il montre sa carte.

BERENGER

Très honoré, Monsieur.

L'EPICIER

Nous sommes très honorés.

LE PATRON

Voulez-vous nous dire alors, monsieur le Logicien, si le rhinocéros africain est unicornu...

LE VIEUX MONSIEUR

Ou bicornu...

L'EPICIERE

Et si le rhinocéros asiatique est bicornu.

L'EPICIER

Ou bien unicornu.

LE LOGICIEN

Justement, là n'est pas la question. C'est ce que je me dois de préciser.

L'EPICIER

C'est pourtant ce qu'on aurait voulu savoir.

LE LOGICIEN

Laissez-moi parler, Messieurs.

LE VIEUX MONSIEUR

Laissons-le parler.

L'EPICIER, à l'Epicière, de la fenêtre

Laissez-le donc parler.

LE PATRON

On vous écoute, Monsieur.

LE LOGICIEN, à Bérenger

C'est à vous, surtout, que je m'adresse. Aux autres personnes présentes aussi.

L'EPICIER

A nous aussi...

LE LOGICIEN

Voyez-vous, le débat portait tout d'abord sur un problème dont vous vous êtes malgré vous écarté. Vous vous demandiez, au départ, si le rhinocéros qui vient de passer est bien celui de tout à l'heure, ou si c'en est un autre. C'est à cela qu'il faut répondre.

BERENGER

De quelle façon ?

LE LOGICIEN

Voici : vous pouvez avoir vu deux fois un même rhinocéros portant une seule corne...

L'EPICIER, répétant, comme pour mieux comprendre

Deux fois le même rhinocéros.

LE PATRON, même jeu

Portant une seule corne...

LE LOGICIEN, continuant

...Comme vous pouvez avoir vu deux fois un même rhinocéros à deux cornes.

LE VIEUX MONSIEUR, répétant

Un seul rhinocéros à deux cornes, deux fois...

LE LOGICIEN

C'est cela. Vous pouvez encore avoir vu un premier rhinocéros à une corne, puis un autre, ayant également une seule corne.

L'EPICIERE, de la fenêtre

Ha, ha...

LE LOGICIEN

Et aussi un premier rhinocéros à deux cornes, puis un second rhinocéros à deux cornes.

LE PATRON

C'est exact.

LE LOGICIEN

Maintenant : si vous aviez vu...

L'EPICIER

Si nous avions vu...

LE VIEUX MONSIEUR

Oui, si nous avions vu...

LE LOGICIEN

Si vous aviez vu la première fois un rhinocéros à deux cornes...

LE PATRON

A deux cornes...

LE LOGICIEN

...La seconde fois un rhinocéros à une corne...

L'EPICIER

A une corne.

LE LOGICIEN

...Cela ne serait pas concluant non plus.

LE VIEUX MONSIEUR

Tout cela ne serait pas concluant.

LE PATRON

Pourquoi ?

L'EPICIERE

Ah ! là, là... J'y comprends rien.

L'EPICIER

Ouais ! ouais !

> L'Epicière, haussant les épaules, disparaît de sa fenêtre.

LE LOGICIEN

En effet, il se peut que depuis tout à l'heure le rhinocéros ait perdu une de ses cornes, et que celui de tout de suite soit celui de tout à l'heure.

BERENGER

Je comprends, mais...

LE VIEUX MONSIEUR, interrompant Bérenger

N'interrompez pas.

LE LOGICIEN

Il se peut aussi que deux rhinocéros à deux cornes aient perdu tous les deux une de leurs cornes.

LE VIEUX MONSIEUR

C'est possible.

LE PATRON

Oui, c'est possible.

L'EPICIER

Pourquoi pas !

BERENGER

Oui, toutefois...

LE VIEUX MONSIEUR, à Bérenger

N'interrompez pas.

LE LOGICIEN

Si vous pouviez prouver avoir vu la première fois un rhinocéros à une corne, qu'il fût asiatique ou africain...

LE VIEUX MONSIEUR

Asiatique ou africain...

LE LOGICIEN

...La seconde fois, un rhinocéros à deux cornes...

LE VIEUX MONSIEUR

A deux cornes !

LE LOGICIEN

...qu'il fût, peu importe, africain ou asiatique...

L'EPICIER

Africain ou asiatique...

LE LOGICIEN, continuant la démonstration

...A ce moment-là, nous pourrions conclure que nous avons affaire à deux rhinocéros différents, car il est peu probable qu'une deuxième corne puisse pousser en quelques minutes, de façon visible, sur le nez d'un rhinocéros...

LE VIEUX MONSIEUR

C'est peu probable.

LE LOGICIEN, enchanté de son raisonnement

...Cela ferait d'un rhinocéros asiatique ou africain...

LE VIEUX MONSIEUR

Asiatique, ou africain.

LE LOGICIEN

...Un rhinocéros africain ou asiatique.

LE PATRON

Africain ou asiatique.

L'EPICIER

Ouais, ouais.

LE LOGICIEN

...Or, cela n'est pas possible en bonne logique, une même créature ne pouvant être née en deux lieux à la fois...

LE VIEUX MONSIEUR

Ni même successivement.

LE LOGICIEN, au Vieux Monsieur

C'est ce qui est à démontrer.

BERENGER, au Logicien

Cela me semble clair, mais cela ne résout pas la question.

LE LOGICIEN, à Bérenger, en souriant
d'un air compétent

Evidemment, cher Monsieur, seulement, de cette façon, le problème est posé de façon correcte.

LE VIEUX MONSIEUR

C'est tout à fait logique.

LE LOGICIEN, soulevant son chapeau

Au revoir, Messieurs.

> Il se retourne et sortira par la gauche,
> suivi du Vieux Monsieur.

LE VIEUX MONSIEUR

Au revoir, Messieurs.

> Il soulève son chapeau et sort à la suite
> du Logicien.

L'EPICIER

C'est peut-être logique...

> A ce moment, du café, la Ménagère, en
> grand deuil, sort, tenant une boîte,
> elle est suivie par Daisy et la Ser-
> veuse, comme pour un enterrement.
> Le cortège se dirige vers la sortie à
> droite.

L'EPICIER, continuant

...C'est peut-être logique, cependant pouvons-
nous admettre que nos chats soient écrasés sous
nos yeux par des rhinocéros à une corne, ou à
deux cornes, qu'ils soient asiatiques, ou qu'ils
soient africains ?

> Il montre, d'un geste théâtral, le cortège
> qui est en train de sortir.

LE PATRON

Il a raison, c'est juste ! Nous ne pouvons pas
permettre que nos chats soient écrasés par des
rhinocéros, ou par n'importe quoi !

L'EPICIER

Nous ne pouvons pas le permettre !

L'EPICIERE, sortant sa tête,
par la porte de la boutique, à l'Epicier

Alors, rentre ! Les clients vont venir !

L'EPICIER, se dirigeant vers la boutique

Non, nous ne pouvons pas le permettre !

BERENGER

Je n'aurais pas dû me quereller avec Jean ! (*Au Patron*.) Apportez-moi un verre de cognac ! un grand !

LE PATRON

Je vous l'apporte !

> Il va chercher le verre de cognac dans le café.

BERENGER, seul

Je n'aurais pas dû, je n'aurais pas dû me mettre en colère ! (*Le Patron sort, un grand verre de cognac à la main*.) J'ai le cœur trop gros pour aller au musée. Je cultiverai mon esprit une autre fois.

> Il prend le verre de cognac, le boit.

Rideau

ACTE II

PREMIER TABLEAU

DECOR

Le bureau d'une administration, ou d'une entre-
prise privée, une grande maison de publications juri-
diques par exemple. Au fond, au milieu, une grande
porte à deux battants, au-dessus de laquelle un écri-
teau indique : « Chef de Service ». A gauche au
fond, près de la porte du Chef, la petite table de
Daisy, avec une machine à écrire. Contre le mur de
gauche, entre une porte donnant sur l'escalier et la
petite table de Daisy, une autre table sur laquelle on
met des feuilles de présence, que les employés doivent
signer en arrivant. Puis, à gauche, toujours au premier plan, la porte donnant sur l'escalier. On voit les
dernières marches de cet escalier, le haut de la rampe,
un petit palier. Au premier plan, une table avec
deux chaises. Sur la table : des épreuves d'imprimerie, un encrier, des porte-plume ; c'est la table où
travaillent Botard et Bérenger ; ce dernier s'assoira
sur la chaise de gauche, le premier sur celle de droite.
Près du mur de droite, une autre table, plus grande,
rectangulaire, également recouverte de papiers,
d'épreuves d'imprimerie, etc. Deux chaises encore près
de cette table, (plus belles, plus « importantes ») se
font vis-à-vis. C'est la table de Dudard et de M. Bœuf.

*Dudard s'assoira sur la chaise qui est contre le mur,
ayant les autres employés en face de lui. Il fait fonc-
tion de sous-chef. Entre la porte du fond et le mur
de droite, une fenêtre. Dans le cas où le théâtre aurait
une fosse d'orchestre, il serait préférable de ne mettre que le simple encadrement d'une fenêtre, au tout
premier plan, face au public. Dans le coin de droite,
au fond, un porte-manteau, sur lequel sont accrochés
des blouses grises ou de vieux vestons. Eventuelle-
ment, le porte-manteau pourrait être placé lui aussi
sur le devant de la scène, tout près du mur de droite.*

*Contre les murs, des rangées de livres et de dos-
siers poussiéreux. Sur le fond, à gauche, au-dessus des
rayons, il y a des écriteaux :* Jurisprudence, Codes ;
*sur le mur de droite, qui peut être légèrement obli-
que, les écriteaux indiquent :* « Le Journal Officiel »,
« Lois fiscales ». *Au-dessus de la porte du Chef de
Service, une horloge indique :* 9 heures 3 minutes.

*Au lever du rideau, Dudard, debout, près de la
chaise de son bureau, profil droit à la salle ; de l'autre
côté du bureau, profil gauche à la salle, Botard ; entre
eux, près du bureau également, face au public, le
Chef de Service ; Daisy, un peu en retrait près du
Chef de Service, à sa gauche. Elle a, dans la main,
des feuilles de papier dactylographiées. Sur la table,
entourée par les trois personnages, par-dessus les
épreuves d'imprimerie, un grand journal ouvert est
étalé.*

*Au lever du rideau, pendant quelques secondes,
les personnages restent immobiles, dans la position où
sera dite la première réplique. Cela doit faire* tableau
vivant. *Au début du premier acte, il en aura été de
même.*

Le Chef de Service, *une cinquantaine d'années,
vêtu correctement : complet bleu marine, rosette
de la Légion d'honneur, faux col amidonné, cravate
noire, grosse moustache brune. Il s'appelle : Monsieur Papillon.*

Dudard : *trente-cinq ans. Complet gris ; il a des
manches de lustrine noire pour préserver son ves-*

ton. *Il peut porter des lunettes. Il est assez grand,* **employé** (cadre) *d'avenir. Si le chef devenait sous-directeur, c'est lui qui prendrait sa place ; Botard ne l'aime pas.*

Botard : *instituteur retraité ; l'air fier, petite moustache blanche ; il a une soixantaine d'années qu'il porte vertement.* (Il sait tout, comprend tout). *Il a un béret basque sur la tête ; il est revêtu d'une longue blouse grise pour le travail, il a des lunettes sur un nez assez fort ; un crayon à l'oreille ; des manches, également de lustrine.*

Daisy : *jeune, blonde.*

Plus tard, Madame Bœuf : *grosse femme de quarante à cinquante ans, éplorée, essoufflée.*

Les personnages sont donc debout au lever du rideau, immobiles autour de la table de droite ; le Chef a la main et l'index tendus vers le journal. Dudard, la main tendue en direction de Botard, a l'air de lui dire : « Vous voyez bien pourtant ! » *Botard, les mains dans les poches de sa blouse, un sourire incrédule sur les lèvres, l'air de dire : « On ne me la fait pas. » Daisy, ses feuilles dactylographiées à la main, a l'air d'appuyer du regard Dudard. Au bout de quelques brèves secondes, Botard attaque.*

BOTARD

Des histoires, des histoires à dormir debout.

DAISY

Je l'ai vu, j'ai vu le rhinocéros !

DUDARD

C'est écrit sur le journal, c'est clair, vous ne pouvez le nier.

BOTARD, de l'air du plus profond mépris

Pfff !

DUDARD

C'est écrit, puisque c'est écrit ; tenez, à la rubrique des chats écrasés ! Lisez donc la nouvelle, monsieur le Chef !

MONSIEUR PAPILLON

« Hier, dimanche, dans notre ville, sur la place de l'Eglise, à l'heure de l'apéritif, un chat a été foulé aux pieds par un pachyderme. »

DAISY

Ce n'était pas exactement sur la place de l'Eglise !

MONSIEUR PAPILLON

C'est tout. On ne donne pas d'autres détails.

BOTARD

Pfff !

DUDARD

Cela suffit, c'est clair.

BOTARD

Je ne crois pas les journalistes. Les journalistes sont tous des menteurs, je sais à quoi m'en tenir, je ne crois que ce que je vois, de mes propres yeux. En temps qu'ancien instituteur, j'aime la chose précise, scientifiquement prouvée, je suis un esprit méthodique, exact.

DUDARD

Que vient faire ici l'esprit méthodique ?

DAISY, à Botard

Je trouve, monsieur Botard, que la nouvelle est très précise.

BOTARD

Vous appelez cela de la précision ? Voyons. De quel pachyderme s'agit-il ? Qu'est-ce que le rédacteur de la rubrique des chats écrasés entend-il par un pachyderme ? Il ne nous le dit pas. Et qu'entend-il par chat ?

DUDARD

Tout le monde sait ce qu'est un chat.

BOTARD

Est-ce d'un chat, ou est-ce d'une chatte qu'il s'agit ? Et de quelle couleur ? De quelle race ? Je ne suis pas raciste, je suis même antiraciste.

MONSIEUR PAPILLON

Voyons, monsieur Botard, il ne s'agit pas de cela, que vient faire ici le racisme ?

BOTARD

Monsieur le Chef, je vous demande bien pardon. Vous ne pouvez nier que le racisme est une des grandes erreurs du siècle.

DUDARD

Bien sûr, nous sommes tous d'accord, mais il ne s'agit pas là de...

BOTARD

Monsieur Dudard, on ne traite pas cela à la légère. Les événements historiques nous ont bien prouvé que le racisme...

DUDARD

Je vous dis qu'il ne s'agit pas de cela.

BOTARD

On ne le dirait pas.

MONSIEUR PAPILLON

Le racisme n'est pas en question.

BOTARD

On ne doit perdre aucune occasion de le dénoncer.

DAISY

Puisqu'on vous dit que personne n'est raciste. Vous déplacez la question, il s'agit tout simplement d'un chat écrasé par un pachyderme : un rhinocéros en l'occurrence.

BOTARD

Je ne suis pas du Midi, moi. Les Méridionaux ont trop d'imagination. C'était peut-être tout simplement une puce écrasée par une souris. On en fait une montagne.

MONSIEUR PAPILLON, à Dudard

Essayons donc de mettre les choses au point. Vous auriez donc vu, de vos yeux vu, le rhinocéros se promener en flânant dans les rues de la ville ?

DAISY

Il ne flânait pas, il courait.

DUDARD

Personnellement, moi, je ne l'ai pas vu. Cependant, des gens dignes de foi...

BOTARD, l'interrompant

Vous voyez bien que ce sont des racontars, vous vous fiez à des journalistes qui ne savent quoi inventer pour faire vendre leurs méprisables journaux, pour servir leurs patrons, dont ils sont les domestiques ! Vous croyez cela, monsieur Dudard, vous, un juriste, un licencié en droit. Permettez-moi de rire ! Ah ! Ah ! Ah !

DAISY

Mais moi, je l'ai vu, j'ai vu le rhinocéros. J'en mets ma main au feu.

BOTARD

Allons donc ! Je vous croyais une fille sérieuse.

DAISY

Monsieur Botard, je n'ai pas la berlue ! Et je n'étais pas seule, il y avait des gens autour de moi qui regardaient.

BOTARD

Pfff ! Ils regardaient sans doute autre chose !... Des flâneurs, des gens qui n'ont rien à faire, qui ne travaillent pas, des oisifs.

DUDARD

C'était hier, c'était dimanche.

BOTARD

Moi, je travaille aussi le dimanche. Je n'écoute pas les curés qui vous font venir à l'église pour vous empêcher de faire votre boulot, et de gagner votre pain à la sueur de votre front.

MONSIEUR PAPILLON, indigné

Oh !

BOTARD

Excusez-moi, je ne voudrais pas vous vexer. Ce n'est pas parce que je méprise les religions qu'on peut dire que je ne les estime pas. (*A Daisy :*) D'abord, savez-vous ce que c'est qu'un rhinocéros ?

DAISY

C'est un... c'est un très gros animal, vilain !

BOTARD

Et vous vous vantez d'avoir une pensée précise ! Le rhinocéros, Mademoiselle...

MONSIEUR PAPILLON

Vous n'allez pas nous faire un cours sur le rhinocéros, ici. Nous ne sommes pas à l'école.

BOTARD

C'est bien dommage.

> Depuis les dernières répliques, on a pu voir Bérenger monter avec précaution les dernières marches de l'escalier ; entrouvrir prudemment la porte du bureau qui, en s'écartant, laisse voir la pancarte sur laquelle on peut lire : « Editions de Droit ».

MONSIEUR PAPILLON, à Daisy

Bon ! Il est plus de neuf heures, Mademoiselle, enlevez-moi la feuille de présence. Tant pis pour les retardataires !

> Daisy se dirige vers la petite table, à gauche, où se trouve la feuille de présence, au moment où entre Bérenger.

BERENGER, entrant, tandis que les autres continuent de discuter ; à Daisy

Bonjour, mademoiselle Daisy. Je ne suis pas en retard ?

BOTARD, à Dudard et à Monsieur Papillon

Je lutte contre l'ignorance, où je la trouve !

DAISY, à Bérenger

Monsieur Bérenger, dépêchez-vous.

BOTARD

...Dans les palais, dans les chaumières !

DAISY, à Bérenger

Signez vite la feuille de présence !

BERENGER

Oh ! merci ! Le Chef est déjà arrivé ?

DAISY, à Bérenger ; un doigt sur les lèvres

Chut ! oui, il est là.

BERENGER

Déjà ? Si tôt ?

> Il se précipite pour aller signer la feuille de présence.

BOTARD, continuant

N'importe où ! Même dans les maisons d'édition.

MONSIEUR PAPILLON, à Botard

Monsieur Botard, je crois que...

BERENGER, signant la feuille ; à Daisy

Pourtant, il n'est pas neuf heures dix...

MONSIEUR PAPILLON, à Botard

Je crois que vous dépassez les limites de la politesse.

DUDARD, à Monsieur Papillon

Je le pense aussi, Monsieur.

MONSIEUR PAPILLON, à Botard

Vous n'allez pas dire que mon collaborateur et votre collègue, monsieur Dudard, qui est licencié en droit, excellent employé, est un ignorant.

BOTARD

Je n'irai pas jusqu'à affirmer une pareille chose, toutefois les Facultés, l'Université, cela ne vaut pas l'école communale.

MONSIEUR PAPILLON, à Daisy

Alors, cette feuille de présence !

DAISY, à Monsieur Papillon

La voici, Monsieur.

Elle la lui tend.

MONSIEUR PAPILLON, à Bérenger

Tiens, voilà monsieur Bérenger !

BOTARD, à Dudard

Ce qui manque aux universitaires, ce sont les idées claires, l'esprit d'observation, le sens pratique.

DUDARD, à Botard

Allons donc !

BERENGER, à Monsieur Papillon

Bonjour, monsieur Papillon. (Bérenger justement se dirigeait derrière le dos du chef, contournant le groupe des trois personnages, vers le porte-manteau ; il y prendra sa blouse de travail, ou son veston usé, en y accrochant à la place, son veston de ville ; maintenant, près du porte-manteau, ôtant son veston, mettant l'autre veston, puis allant à sa table de travail, dans le tiroir de laquelle il trouvera ses manches de lustrine noire, etc., il salue.) Bonjour, monsieur Papillon ! excusez-moi, j'ai failli être en retard. Bonjour, Dudard ! Bonjour, monsieur Botard.

MONSIEUR PAPILLON

Dites donc, Bérenger, vous aussi vous avez vu des rhinocéros ?

BOTARD, à Dudard

Les universitaires sont des esprits abstraits qui ne connaissent rien à la vie.

DUDARD, à Botard

Sottises !

BERENGER, continuant de ranger ses affaires pour le travail, avec un empressement excessif, comme pour faire excuser son retard ; à Monsieur Papillon, d'un ton naturel

Mais oui, bien sûr, je l'ai vu !

BOTARD, se retournant

Pfff !

DAISY

Ah ! vous voyez, je ne suis pas folle.

BOTARD, ironique

Oh ! M. Bérenger dit cela par galanterie, car c'est un galant, bien qu'il n'en ait pas l'air.

DUDARD

C'est de la galanterie de dire qu'on a vu un rhinocéros ?

BOTARD

Certainement. Quand c'est pour appuyer les affirmations de Mlle Daisy. Tout le monde est galant avec Mlle Daisy, c'est compréhensible.

MONSIEUR PAPILLON

Ne soyez pas de mauvaise foi, monsieur Botard, M. Bérenger n'a pas pris part à la controverse. Il vient à peine d'arriver.

BERENGER, à Daisy

N'est-ce pas que vous l'avez vu ? Nous avons vu.

BOTARD

Pfff ! Il est possible que M. Bérenger ait cru apercevoir un rhinocéros. (Il fait derrière le dos de Bérenger le signe que Bérenger boit !) Il a tellement d'imagination ! Avec lui, tout est possible.

BERENGER

Je n'étais pas seul, quand j'ai vu le rhinocéros ! ou peut-être les deux rhinocéros.

BOTARD

Il ne sait même pas combien il en a vu !

BERENGER

J'étais à côté de mon ami Jean !... Il y avait d'autres gens.

BOTARD, à Bérenger

Vous bafouillez, ma parole.

DAISY

C'était un rhinocéros unicorne.

BOTARD

Pfff ! Ils sont de mèche tous les deux pour se payer notre tête !

DUDARD, à Daisy

Je crois plutôt qu'il avait deux cornes, d'après ce que j'ai entendu dire !

BOTARD

Alors là, il faudrait s'entendre.

MONSIEUR PAPILLON, regardant l'heure

Finissons-en, Messieurs, l'heure avance.

BOTARD

Vous avez vu, vous, monsieur Bérenger, un rhinocéros, ou deux rhinocéros ?

BERENGER

Euh ! c'est-à-dire...

BOTARD

Vous ne savez pas. Mlle Daisy a vu un rhinocéros unicorne. Votre rhinocéros à vous, monsieur Bérenger, si rhinocéros il y a, était-il unicorne, ou bicornu ?

BERENGER

Voyez-vous, tout le problème est là justement.

BOTARD

C'est bien vaseux tout cela.

DAISY

Oh !

BOTARD

Je ne voudrais pas vous vexer. Mais je n'y crois pas à votre histoire ! Des rhinocéros, dans le pays, cela ne s'est jamais vu !

DUDARD

Il suffit d'une fois !

BOTARD

Cela ne s'est jamais vu ! Sauf sur les images, dans les manuels scolaires. Vos rhinocéros n'ont fleuri que dans les cervelles des bonnes femmes.

BERENGER

L'expression « fleurir », appliquée à des rhino-céros, me semble assez impropre.

DUDARD

C'est juste.

BOTARD, continuant

Votre rhinocéros est un mythe !

DAISY

Un mythe ?

MONSIEUR PAPILLON

Messieurs, je crois qu'il est l'heure de se mettre au travail.

BOTARD, à Daisy

Un mythe, tout comme les soucoupes volantes !

DUDARD

Il y a tout de même eu un chat écrasé, c'est indéniable !

BERENGER

J'en témoigne.

DUDARD, montrant Bérenger

Et des témoins !

BOTARD

Un témoin pareil !

MONSIEUR PAPILLON

Messieurs, messieurs !

BOTARD, à Dudard

Psychose collective, monsieur Dudard, psychose collective ! C'est comme la religion qui est l'opium des peuples !

DAISY

Eh bien, j'y crois, moi, aux soucoupes volantes !

BOTARD

Pfff !

MONSIEUR PAPILLON, avec fermeté

Ça va comme ça, on exagère. Assez de bavardages ! Rhinocéros ou non, soucoupes volantes ou non, il faut que le travail soit fait ! La maison ne vous paye pas pour perdre votre temps à vous entretenir d'animaux réels ou fabuleux !

BOTARD

Fabuleux !

DUDARD

Réels !

DAISY

Très réels.

MONSIEUR PAPILLON

Messieurs, j'attire encore une fois votre attention : vous êtes dans vos heures de travail. Permettez-moi de couper court à cette polémique stérile...

BOTARD, blessé, ironique

D'accord, monsieur Papillon. Vous êtes le chef. Puisque vous l'ordonnez, nous devons obéir.

MONSIEUR PAPILLON

Messieurs, dépêchez-vous. Je ne veux pas être dans la triste obligation de vous retenir une amende sur vos traitements ! Monsieur Dudard, où en est votre commentaire de la loi sur la répression antialcoolique ?

DUDARD

Je mets cela au point, monsieur le Chef.

MONSIEUR PAPILLON

Tâchez de terminer. C'est pressé. Vous, monsieur Bérenger et monsieur Botard, avez-vous fini de corriger les épreuves de la réglementation des vins dits : « d'appellation contrôlée » ?

BERENGER

Pas encore, monsieur Papillon. Mais c'est bien entamé.

MONSIEUR PAPILLON

Finissez de les corriger ensemble. L'imprimerie attend. Vous, Mademoiselle, vous viendrez me faire signer le courrier dans mon bureau. Dépêchez-vous de le taper.

DAISY

C'est entendu, monsieur Papillon.

> Daisy va à son petit bureau et tape à la machine. Dudard s'assoit à son bureau et commence à travailler. Bérenger et Botard à leurs petites tables, tous deux de profil à la salle ; Botard, de dos à la porte de l'escalier. Botard a l'air de mauvaise humeur ; Bérenger est passif et vaseux ; Bérenger installe les épreuves sur la table, passe le manuscrit à Botard ; Botard s'assoit en bougonnant, tandis que Monsieur Papillon sort en claquant la porte.

MONSIEUR PAPILLON

A tout à l'heure, Messieurs !

Il sort.

BERENGER, lisant et corrigeant, tandis que
Botard suit sur le manuscrit, avec un crayon

Réglementation des crus d'origine dit « d'appellation »... (*Il corrige.*) Avec deux L, appellation.
(*Il corrige.*) Contrôlée... une L, contrôlée... Les
vins d'appellation contrôlée de la région bordelaise, région inférieure des coteaux supérieurs...

BOTARD, à Dudard

Je n'ai pas ça ! Une ligne de sautée.

BERENGER

Je reprends : les vins d'appellation contrôlée...

DUDARD, à Bérenger et à Botard

Lisez moins fort, je vous prie. On n'entend que
vous, vous m'empêchez de fixer mon attention sur
mon travail.

BOTARD, à Dudard par-dessus la tête de
Bérenger, reprenant la discussion de tout
à l'heure ; tandis que Bérenger, pendant
quelques instants, corrige tout seul ; il
fait bouger ses lèvres sans bruit, tout en
lisant

C'est une mystification !

DUDARD

Qu'est-ce qui est une mystification ?

BOTARD

Votre histoire de rhinocéros, pardi ! C'est votre
propagande qui fait courir ces bruits !

DUDARD, s'interrompant dans son travail

Quelle propagande ?

BERENGER, intervenant

Ce n'est pas de la propagande...

DAISY, s'interrompant de taper

Puisque je vous répète que j'ai vu... j'ai vu... on a vu.

DUDARD, à Botard

Vous me faites rire !... De la propagande ! Dans quel but ?

BOTARD, à Dudard

Allons donc !... Vous le savez mieux que moi. Ne faites pas l'innocent.

DUDARD, se fâchant

En tout cas, monsieur Botard, moi je ne suis pas payé par les Ponténégrins.

BOTARD, rouge de colère, tapant du poing sur la table

C'est une insulte. Je ne permettrai pas...

M. Botard se lève.

BERENGER, suppliant

Monsieur Botard, voyons...

DAISY

Monsieur Dudard, voyons...

BOTARD

Je dis que c'est une insulte...

> La porte du cabinet du Chef s'ouvre
> soudain : Botard et Dudard se ras-
> soient très vite ; le Chef de Service a
> en main la feuille de présence ; à son
> apparition, le silence s'était fait subi-
> tement.

MONSIEUR PAPILLON

M. Bœuf n'est pas venu aujourd'hui ?

BERENGER, regardant autour de lui

En effet, il est absent.

MONSIEUR PAPILLON

Justement, j'avais besoin de lui ! (*A Daisy.*)
A-t-il annoncé qu'il était malade, ou qu'il était
empêché ?

DAISY

Il ne m'a rien dit.

MONSIEUR PAPILLON, ouvrant tout à fait
sa porte, et entrant

Si ça continue, je vais le mettre à la porte. Ce
n'est pas la première fois qu'il me fait le coup.
Jusqu'à présent, j'ai fermé les yeux, mais ça n'ira
plus... Quelqu'un d'entre vous a-t-il la clé de son
secrétaire ?

> Juste à ce moment, Mme Bœuf fait son
> entrée. On avait pu la voir, pendant
> cette dernière réplique, monter le plus
> vite qu'elle pouvait les dernières mar-
> ches de l'escalier, elle a ouvert brus-
> quement la porte. Elle est toute es-
> soufflée, effrayée.

BERENGER

Tiens, voici Mme Bœuf.

DAISY

Bonjour, madame Bœuf.

MADAME BŒUF

Bonjour, monsieur Papillon ! Bonjour, Messieurs Dames.

MONSIEUR PAPILLON

Alors, et votre mari ? Qu'est-ce qu'il lui est arrivé, il ne veut plus se déranger ?

MADAME BŒUF, haletante

Je vous prie de l'excuser, excusez mon mari... il est parti dans sa famille pour le week-end. Il a une légère grippe.

MONSIEUR PAPILLON

Ah ! il a une légère grippe !

MADAME BŒUF, tendant un papier au Chef

Tenez, il le dit dans son télégramme. Il espère être de retour mercredi... (*Presque défaillante.*) Donnez-moi un verre d'eau... et une chaise...

> Bérenger vient lui apporter, au milieu du plateau, sa propre chaise sur laquelle elle s'écroule.

MONSIEUR PAPILLON, à Daisy

Donnez-lui un verre d'eau.

DAISY

Tout de suite !

> Elle va lui apporter un verre d'eau, la faire boire, pendant les quelques répliques qui suivent.

DUDARD, au Chef

Elle doit être cardiaque.

MONSIEUR PAPILLON

C'est bien ennuyeux que M. Bœuf soit absent.
Mais ce n'est pas une raison pour vous affoler !

MADAME BŒUF, avec peine

C'est que... c'est que... j'ai été poursuivie par un
rhinocéros depuis la maison jusqu'ici...

BERENGER

Unicorne, ou à deux cornes ?

BOTARD, s'esclaffant

Vous me faites rigoler !

DUDARD, s'indignant

Laissez-la donc parler !

MADAME BŒUF, faisant un grand effort
pour préciser, et montrant du doigt
en direction de l'escalier

Il est là, en bas, à l'entrée. Il a l'air de vouloir
monter l'escalier.

> Au même instant, un bruit se fait enten-
> dre. On voit les marches de l'escalier
> qui s'effondrent sous un poids, sans
> doute formidable. On entend, venant
> d'en bas, des barrissements angoissés.
> La poussière, provoquée par l'effon-
> drement de l'escalier, en se dissipant
> laissera voir le palier de l'escalier
> suspendu dans le vide.

DAISY

Mon Dieu !...

MADAME BŒUF, sur sa chaise,
la main sur le cœur

Oh ! Ah !

> Bérenger s'empresse autour de Madame
> Bœuf, tapote ses joues, lui donne à
> boire.

BERENGER

Calmez-vous !

> Pendant ce temps, M. Papillon, Dudard
> et Botard se précipitent à gauche,
> ouvrent la porte en se bousculant et
> se retrouvent sur le palier de l'esca-
> lier entourés de poussière ; les barris-
> sements continuent de se faire enten-
> dre.

DAISY, à Mme Bœuf

Vous allez mieux, madame Bœuf ?

MONSIEUR PAPILLON, sur le palier

Le voilà. En bas ! C'en est un !

BOTARD

Je ne vois rien du tout. C'est une illusion.

DUDARD

Mais si, là, en bas, il tourne en rond.

MONSIEUR PAPILLON

Messieurs, il n'y a pas de doute. Il tourne en
rond.

DUDARD

Il ne pourra pas monter. Il n'y a plus d'escalier.

BOTARD

C'est bien bizarre. Qu'est-ce que cela veut dire ?

DUDARD, se tournant du côté de Bérenger

Venez donc voir. Venez donc le voir, votre rhinocéros.

BERENGER

J'arrive.

> Bérenger se précipite en direction du palier, suivi de Daisy abandonnant Mme Bœuf.

MONSIEUR PAPILLON, à Bérenger

Alors, vous, le spécialiste des rhinocéros, regardez donc.

BERENGER

Je ne suis pas le spécialiste des rhinocéros...

DAISY

Oh !... regardez... comme il tourne en rond. On dirait qu'il souffre... qu'est-ce qu'il veut ?

DUDARD

On dirait qu'il cherche quelqu'un. (*A Botard.*) Vous le voyez, maintenant ?

BOTARD, vexé

En effet, je le vois.

DAISY, à M. Papillon

Peut-être avons-nous tous la berlue ? Et vous aussi...

BOTARD

Je n'ai jamais la berlue. Mais il y a quelque chose là-dessous.

DUDARD, à Botard

Quoi, quelque chose ?

MONSIEUR PAPILLON, à Bérenger

C'est bien un rhinocéros, n'est-ce pas ? C'est bien celui que vous avez déjà vu ? (*A Daisy.*) Et vous aussi ?

DAISY

Certainement.

BERENGER

Il a deux cornes. C'est un rhinocéros africain, ou plutôt asiatique. Ah ! je ne sais plus si le rhinocéros africain a deux cornes ou une corne.

MONSIEUR PAPILLON

Il nous a démoli l'escalier, tant mieux, une chose pareille devait arriver ! Depuis le temps que je demande à la direction générale de nous construire des marches de ciment pour remplacer ce vieil escalier vermoulu.

DUDARD

Il y a une semaine encore, j'ai envoyé un rapport, monsieur le Chef.

MONSIEUR PAPILLON

Cela devait arriver, cela devait arriver. C'était à prévoir. J'ai eu raison.

DAISY, à M. Papillon, ironique

Comme d'habitude.

BERENGER, à Dudard et à M. Papillon

Voyons, voyons, la bicornuité caractérise-t-elle le rhinocéros d'Asie ou celui d'Afrique ? L'unicornuité caractérise-t-elle celui d'Afrique ou d'Asie...

DAISY

Pauvre bête, il n'en finit pas de barrir, et de tourner en rond. Qu'est-ce qu'il veut ? Oh ! il nous regarde. (En direction du rhinocéros.) Minou, minou, minou...

DUDARD

Vous n'allez pas le caresser, il n'est sans doute pas apprivoisé...

MONSIEUR PAPILLON

De toute façon, il est hors d'atteinte.

Le rhinocéros barrit abominablement.

DAISY

Pauvre bête !

BERENGER, poursuivant ; à Botard

Vous qui savez un tas de choses, ne pensez-vous pas au contraire que c'est la bicornuité qui...

MONSIEUR PAPILLON

Vous cafouillez, mon cher Bérenger, vous êtes encore vaseux. M. Botard a raison.

BOTARD

Comment est-ce possible, dans un pays civilisé...

DAISY, à Botard

D'accord. Cependant, existe-t-il ou non ?

BOTARD

C'est une machination infâme ! (*D'un geste d'orateur de tribune, pointant son doigt vers Dudard, et le foudroyant du regard.*) C'est votre faute.

DUDARD

Pourquoi la mienne, et pas la vôtre ?

BOTARD, furieux

Ma faute ? C'est toujours sur les petits que ça retombe. S'il ne tenait qu'à moi...

MONSIEUR PAPILLON

Nous sommes dans de beaux draps, sans escalier.

DAISY, à Botard et à Dudard

Calmez-vous, ça n'est pas le moment, Messieurs !

MONSIEUR PAPILLON

C'est la faute de la direction générale.

DAISY

Peut-être. Mais comment allons-nous descendre ?

MONSIEUR PAPILLON, plaisantant amoureusement
et caressant la joue de la dactylo

Je vous prendrai dans mes bras, et nous saute-
rons ensemble !

DAISY, repoussant la main du Chef de Service

Ne mettez pas sur ma figure votre main rugueu-
se, espèce de pachyderme !

MONSIEUR PAPILLON

Je plaisantais !

> Entre-temps, tandis que le rhinocéros
> n'avait cessé de barrir, Mme Bœuf
> s'était levée et avait rejoint le groupe.
> Elle fixe, quelques instants, attentive-
> ment, le rhinocéros tournant en rond,
> en bas ; elle pousse brusquement un
> cri terrible.

MADAME BŒUF

Mon Dieu ! Est-ce possible !

BERENGER, à Mme Bœuf

Qu'avez-vous ?

MADAME BŒUF

C'est mon mari ! Bœuf, mon pauvre Bœuf, que
t'est-il arrivé ?

DAISY, à Mme Bœuf

Vous en êtes sûre ?

MADAME BŒUF

Je le reconnais, je le reconnais.

> Le rhinocéros répond par un barrisse-
> ment violent, mais tendre.

MONSIEUR PAPILLON

Par exemple ! Cette fois, je le mets à la porte pour de bon !

DUDARD

Est-il assuré ?

BOTARD, à part

Je comprends tout...

DAISY

Comment payer les assurances dans un cas semblable ?

MADAME BŒUF,
s'évanouissant dans les bras de Bérenger

Ah ! mon Dieu !

BERENGER

Oh !

DAISY

Transportons-la.

> Bérenger aidé par Dudard et Daisy
> traîne Mme Bœuf jusqu'à sa chaise
> et l'installe.

DUDARD, pendant qu'on la transporte

Ne vous en faites pas, madame Bœuf.

MADAME BŒUF

Ah ! Oh !

DAISY

Ça s'arrangera peut-être...

MONSIEUR PAPILLON, à Dudard

Juridiquement, que peut-on faire ?

DUDARD

Il faut demander au contentieux.

BOTARD, suivant le cortège
et levant les bras au ciel

C'est de la folie pure ! Quelle société ! (*On s'empresse autour de Mme Bœuf, on tapote ses joues, elle ouvre les yeux, pousse un « Áh ! », referme les yeux, on retapote ses joues, pendant que Botard parle.*) En tout cas, soyez certain que je dirai tout à mon comité d'action. Je n'abandonnerai pas un collègue dans le besoin. Cela se saura.

MADAME BŒUF, revenant à elle

Mon pauvre chéri, je ne peux pas le laisser comme cela, mon pauvre chéri. (*On entend barrir.*) Il m'appelle. (*Tendrement :*) Il m'appelle.

DAISY

Ça va mieux, madame Bœuf ?

DUDARD

Elle reprend ses esprits.

BOTARD, à Mme Bœuf

Soyez assurée de l'appui de notre délégation. Voulez-vous devenir membre de notre comité ?

MONSIEUR PAPILLON

Il va encore y avoir du retard dans le travail. Mademoiselle Daisy, le courrier !

DAISY

Il faut savoir d'abord comment nous allons pouvoir sortir d'ici.

MONSIEUR PAPILLON

C'est un problème. Par la fenêtre.

> Ils se dirigent tous vers la fenêtre, sauf Mme Bœuf, affalée sur sa chaise, et Botard qui restent au milieu du plateau.

BOTARD

Je sais d'où cela vient.

DAISY, à la fenêtre

C'est trop haut.

BERENGER

Il faudrait peut-être appeler les pompiers, qu'ils viennent avec leurs échelles !

MONSIEUR PAPILLON

Mademoiselle Daisy, allez dans mon bureau et téléphonez aux pompiers.

> M. Papillon fait mine de la suivre.

> Daisy sort par le fond, on l'entendra décrocher l'appareil, dire : « Allô, allô, les pompiers ? » et un vague bruit de conversation téléphonique.

MADAME BŒUF, se lève brusquement

Je ne peux pas le laisser comme cela, je ne peux pas le laisser comme cela !

MONSIEUR PAPILLON

Si vous voulez divorcer... vous avez maintenant une bonne raison.

DUDARD

Ce sera certainement à ses torts.

MADAME BŒUF

Non ! le pauvre ! ce n'est pas le moment, je ne peux pas abandonner mon mari dans cet état.

BOTARD

Vous êtes une brave femme.

DUDARD, à Mme Bœuf

Mais qu'allez-vous faire ?

> En courant vers la gauche, Mme Bœuf se précipite vers le palier.

BERENGER

Attention !

MADAME BŒUF

Je ne peux pas l'abandonner, je ne peux pas l'abandonner.

DUDARD

Retenez-la.

MADAME BŒUF

Je l'emmène à la maison !

MONSIEUR PAPILLON

Qu'est-ce qu'elle veut faire ?

MADAME BŒUF,
se préparant à sauter ; au bord du palier

Je viens, mon chéri, je viens.

BERENGER

Elle va sauter.

BOTARD

C'est son devoir.

DUDARD

Elle ne pourra pas.

> Tous, sauf Daisy, qui téléphone toujours,
> se trouvent près d'elle sur le palier ;
> Mme Bœuf saute ; Bérenger, qui tout
> de même essaye de la retenir, est
> resté avec sa jupe dans les mains.

BERENGER

Je n'ai pas pu la retenir.

> On entend, venant d'en bas, le rhinocé-
> ros barrir tendrement.

MADAME BŒUF

Me voilà, mon chéri, me voilà.

DUDARD

Elle atterrit sur son dos, à califourchon.

BOTARD

C'est une amazone.

VOIX DE MADAME BŒUF

A la maison, mon chéri, rentrons.

DUDARD

Ils partent au galop.

> Dudard, Bérenger, Botard, M. Papillon
> reviennent sur le plateau, se mettent
> à la fenêtre.

BERENGER

Ils vont vite.

DUDARD, à M. Papillon

Vous avez déjà fait de l'équitation ?

MONSIEUR PAPILLON

Autrefois... un peu... (*Se tournant du côté de la porte du fond, à Dudard.*) Elle n'a pas fini de téléphoner !...

BERENGER, suivant du regard le rhinocéros

Ils sont déjà loin. On ne les voit plus.

DAISY, sortant

J'ai eu du mal à avoir les pompiers !...

BOTARD, comme conclusion
à un monologue intérieur

C'est du propre !

DAISY

...J'ai eu du mal à avoir les pompiers.

MONSIEUR PAPILLON

Il y a le feu partout ?

BERENGER

Je suis de l'avis de M. Botard. L'attitude de Mme Bœuf est vraiment touchante, elle a du cœur.

MONSIEUR PAPILLON

J'ai un employé en moins que je dois remplacer.

BERENGER

Vous croyez vraiment qu'il ne peut plus nous être utile ?

DAISY

Non, il n'y a pas de feu, les pompiers ont été appelés pour d'autres rhinocéros.

BERENGER

Pour d'autres rhinocéros ?

DUDARD

Comment, pour d'autres rhinocéros ?

DAISY

Oui, pour d'autres rhinocéros. On en signale un peu partout dans la ville. Ce matin, il y en avait sept, maintenant il y en a dix-sept.

BOTARD

Qu'est-ce que je vous disais !

DAISY, continuant

Il y en aurait même trente-deux de signalés. Ce n'est pas encore officiel, mais ce sera certainement confirmé.

BOTARD, moins convaincu

Pfff ! On exagère !

MONSIEUR PAPILLON

Est-ce qu'ils vont venir nous sortir de là ?

BERENGER

Moi, j'ai faim !...

DAISY

Oui, ils vont venir, les pompiers sont en route !

MONSIEUR PAPILLON

Et le travail !

DUDARD

Je crois que c'est un cas de force majeure.

MONSIEUR PAPILLON

Il faudra rattraper les heures de travail perdues.

DUDARD

Alors, monsieur Botard, est-ce que vous niez toujours l'évidence rhinocérique ?

BOTARD

Notre délégation s'oppose à ce que vous renvoyiez M. Bœuf, sans préavis.

MONSIEUR PAPILLON

Ce n'est pas à moi de décider, nous verrons bien les conclusions de l'enquête.

BOTARD, à Dudard

Non, monsieur Dudard, je ne nie pas l'évidence rhinocérique. Je ne l'ai jamais niée.

DUDARD

Vous êtes de mauvaise foi.

DAISY

Ah oui ! vous êtes de mauvaise foi.

BOTARD

Je répète que je ne l'ai jamais niée. Je tenais simplement à savoir jusqu'où cela pouvait aller. Mais moi, je sais à quoi m'en tenir. Je ne constate pas simplement le phénomène. Je le comprends, et je l'explique. Du moins, je pourrais l'expliquer si...

DUDARD

Mais expliquez-nous-le.

DAISY

Expliquez-le, monsieur Botard.

MONSIEUR PAPILLON

Expliquez-le puisque vos collègues vous le demandent.

BOTARD

Je vous l'expliquerai...

DUDARD

On vous écoute.

DAISY

Je suis bien curieuse.

BOTARD

Je vous l'expliquerai... un jour...

DUDARD

Pourquoi pas tout de suite ?

BOTARD, à M. Papillon, menaçant

Nous nous expliquerons bientôt, entre nous. (*A tous.*) Je connais le pourquoi des choses, les dessous de l'histoire...

DAISY

Quels dessous ?

BERENGER

Quels dessous ?

DUDARD

Je voudrais bien les connaître, les dessous...

BOTARD, continuant, terrible

Et je connais aussi les noms de tous les respon-
sables. Les noms des traîtres. Je ne suis pas dupe.
Je vous ferai connaître le but et la signification
de cette provocation ! Je démasquerai les insti-
gateurs.

BERENGER

Qui aurait intérêt à ?...

DUDARD, à Botard

Vous divaguez, monsieur Botard.

MONSIEUR PAPILLON

Ne divaguons point.

BOTARD

Moi, je divague, je divague ?

DAISY

Tout à l'heure, vous nous accusiez d'avoir des
hallucinations.

BOTARD

Tout à l'heure, oui. Maintenant, l'hallucination
est devenue provocation.

DUDARD

Comment s'est effectué ce passage, selon vous ?

BOTARD

C'est le secret de polichinelle, Messieurs ! **Seuls** les enfants n'y comprennent rien. Seuls les **hypo-**crites font semblant de ne pas comprendre.

> On entend le bruit et le signal de la voiture des pompiers qui arrive. On entend les freins de la voiture, qui stoppe brusquement sous la fenêtre.

DAISY

Voilà les pompiers !

BOTARD

Il faudra que cela change, ça ne se passera pas comme cela.

DUDARD

Il n'y a aucune signification à cela, monsieur Botard. Les rhinocéros existent, c'est tout. Ça ne veut rien dire d'autre.

DAISY, à la fenêtre, regardant en bas

Par ici, Messieurs les Pompiers.

> On entend, en bas, un remue-ménage, un branle-bas, les bruits de la voiture.

VOIX D'UN POMPIER

Installez l'échelle.

BOTARD, à Dudard

J'ai la clé des événements, un système d'inter-prétation infaillible.

MONSIEUR PAPILLON

Il faudrait tout de même revenir au bureau cet après-midi.

> On voit l'échelle des pompiers se poser contre la fenêtre.

BOTARD

Tant pis pour les affaires, monsieur Papillon.

MONSIEUR PAPILLON

Que va dire la direction générale ?

DUDARD

C'est un cas exceptionnel.

BOTARD, montrant la fenêtre

On ne peut pas nous obliger à reprendre le même chemin. Il faut attendre qu'on répare l'escalier.

DUDARD

Si quelqu'un se casse une jambe, cela pourrait créer des ennuis à la direction.

MONSIEUR PAPILLON

C'est juste.

> On voit apparaître le casque d'un Pompier, puis le Pompier.

BERENGER, à Daisy, montrant la fenêtre

Après vous, mademoiselle Daisy.

LE POMPIER

Allons, Mademoiselle.

> Le Pompier prend Mlle Daisy dans ses bras, par la fenêtre, que celle-ci escalade, et disparaîtra avec.

DUDARD

Au revoir, mademoiselle Daisy. **A bientôt.**

DAISY, disparaissant

A bientôt, Messieurs !

MONSIEUR PAPILLON, à la fenêtre

Téléphonez-moi demain matin, Mademoiselle. Vous viendrez taper le courrier chez moi. (*A Bérenger.*) Monsieur Bérenger, je vous attire l'attention que nous ne sommes pas en vacances, et qu'on reprendra le **travail** dès que possible. (*Aux deux autres.*) Vous m'avez entendu, Messieurs ?

DUDARD

D'accord, monsieur Papillon.

BOTARD

Evidemment, on nous exploite jusqu'au sang !

LE POMPIER, réapparaissant à la fenêtre

A qui le tour ?

MONSIEUR PAPILLON, s'adressant aux trois

Allez-y.

DUDARD

Après vous, monsieur Papillon.

BERENGER

Après vous, monsieur le Chef.

BOTARD

Après vous, bien sûr.

MONSIEUR PAPILLON, à Bérenger

Apportez-moi le courrier de Mlle Daisy. Là, sur la table.

> Bérenger va chercher le courrier, et l'apporte à M. Papillon.

LE POMPIER

Allons, dépêchez-vous. On n'a pas le temps. Il y en a d'autres qui nous appellent.

BOTARD

Qu'est-ce que je vous disais ?

> M. Papillon, le courrier sous le bras, escalade la fenêtre.

MONSIEUR PAPILLON, aux pompiers

Attention aux dossiers. (*Se retournant vers Dudard, Botard et Bérenger.*) Messieurs, au revoir.

DUDARD

Au revoir, monsieur Papillon.

BÉRENGER

Au revoir, monsieur Papillon.

MONSIEUR PAPILLON a disparu ;
on l'entend dire :

Attention, les papiers !

VOIX DE MONSIEUR PAPILLON

Dudard ! Fermez les bureaux à clé !

DUDARD, criant

Ne vous inquiétez pas, monsieur Papillon. (*A Botard.*) Après vous, monsieur Botard.

BOTARD

Messieurs, je descends. Et de ce pas, je vais prendre contact avec les autorités compétentes. J'éluciderai ce faux mystère.

> Il se dirige vers la fenêtre, pour l'escalader.

DUDARD, à Botard

Je croyais que c'était déjà clair pour vous!

BOTARD, escaladant la fenêtre

Votre ironie ne me touche guère. Ce que je veux, c'est vous montrer les preuves, les documents, oui, les preuves de votre félonie.

DUDARD

C'est absurde...

BOTARD

Votre insulte...

DUDARD, l'interrompant

C'est vous qui m'insultez...

BOTARD, disparaissant

Je n'insulte pas. Je prouve.

VOIX DU POMPIER

Allez, allez...

DUDARD, à Bérenger

Que faites-vous cet après-midi ? On pourrait boire un coup.

BERENGER

Je m'excuse. Je vais profiter de cet après-midi libre pour aller voir mon ami Jean. Je veux me réconcilier avec lui, tout de même. On s'était fâchés. J'ai eu des torts.

> La tête du Pompier réapparaît à la fenêtre.

LE POMPIER

Allons, allons...

BERENGER, montrant la fenêtre

Après vous.

DUDARD, à Bérenger

Après vous.

BERENGER, à Dudard

Oh ! non, après vous.

DUDARD, à Bérenger

Pas du tout, après vous.

BERENGER, à Dudard

Je vous en prie, après vous, après vous.

LE POMPIER

Dépêchons, dépêchons.

DUDARD, à Bérenger

Après vous, près vous.

BERENGER, à Dudard

Après vous, après vous.

> Ils escaladent la fenêtre en même temps.
> Le Pompier les aide à descendre, tandis que le rideau tombe.

Fin du tableau

DEUXIEME TABLEAU

DECOR

Chez Jean. La structure du dispositif est à peu près la même qu'au premier tableau de ce deuxième acte. C'est-à-dire que le plateau est partagé en deux. A droite, occupant les trois quarts ou les quatre cinquièmes du plateau, selon la largeur de celui-ci, on voit la chambre de Jean. Au fond, contre le mur, le lit de Jean, dans lequel celui-ci est couché. Au milieu du plateau, une chaise ou un fauteuil, dans lequel Bérenger viendra s'installer. A droite, au milieu, une porte donnant sur le cabinet de toilette de Jean. Lorsque Jean ira faire sa toilette, on entendra le bruit de l'eau du robinet, celui de la douche. A gauche de la chambre, une cloison sépare le plateau en deux. Au milieu, la porte donnant sur l'escalier. Si on veut faire un décor moins réaliste, un décor stylisé, on peut mettre simplement la porte sans cloison. A gauche du plateau, on voit l'escalier, les dernières marches menant à l'appartement de Jean, la rampe, le haut du palier. Dans le fond, à la hauteur de ce palier, une porte de l'appartement des voisins. Plus bas, dans le fond, le haut d'une porte vitrée, au-dessus de laquelle on voit écrit « Concierge ».

Au lever du rideau, Jean, dans son lit, est couché sous sa couverture, dos au public. On l'entend tousser. Au bout de quelques instants, on voit Bérenger paraître, montant les dernières marches de l'escalier. Il frappe à la porte, Jean ne répond. pas. Bérenger frappe de nouveau.

BERENGER

Jean ! (*Il frappe de nouveau.*) Jean !

> La porte du fond du palier s'entrouvre,
> apparaît un petit vieux à barbiche
> blanche.

LE PETIT VIEUX

Qu'est-ce qu'il y a ?

BERENGER

Je viens voir Jean, M. Jean, mon ami.

LE PETIT VIEUX

Je croyais que c'était pour moi. Moi aussi, je
m'appelle Jean, alors c'est l'autre.

VOIX DE LA FEMME DU VIEUX,
du fond de la pièce

C'est pour nous ?

LE PETIT VIEUX, se retournant
vers sa femme que l'on ne voit pas

C'est pour l'autre.

BERENGER, frappant

Jean.

LE PETIT VIEUX

Je ne l'ai pas vu sortir. Je l'ai vu hier soir. Il
n'avait pas l'air de bonne humeur.

BERENGER

Je sais pourquoi, c'est ma faute.

LE PETIT VIEUX

Peut-être ne veut-il pas ouvrir. Essayez encore.

VOIX DE LA FEMME DU VIEUX

Jean ! ne bavarde pas, Jean.

BERENGER, frappant

Jean !

LE PETIT VIEUX, à sa femme

Une seconde. Ah ! là là...

> Il referme la porte et disparaît.

JEAN, toujours couché,
dos au public, d'une voix rauque

Qu'est-ce qu'il y a ?

BERENGER

Je suis venu vous voir, mon cher Jean.

JEAN

Qui est là ?

BERENGER

Moi, Bérenger. Je ne vous dérange pas ?

JEAN

Ah ! c'est vous ? Entrez.

BERENGER, essayant d'ouvrir

La porte est fermée.

JEAN

Une seconde. Ah ! là là... (*Jean se lève d'assez mauvaise humeur en effet. Il a un pyjama vert, les cheveux ébouriffés.*) Une seconde. (*Il tourne la clé dans la serrure.*) Une seconde. (*Il va se coucher de nouveau, se met sous la couverture, comme avant.*) Entrez.

BERENGER, entrant

Bonjour, Jean.

JEAN, dans son lit

Quelle heure est-il ? Vous n'êtes pas au bureau ?

BERENGER

Vous êtes encore couché, vous n'êtes pas au bureau ? Excusez-moi, je vous dérange peut-être.

JEAN, toujours de dos

C'est curieux, je ne reconnaissais pas votre voix.

BERENGER

Moi non plus, je ne reconnaissais pas votre voix.

JEAN, toujours de dos

Asseyez-vous.

BERENGER

Vous êtes malade ? (*Jean répond par un grognement.*) Vous savez, Jean, j'ai été stupide de me fâcher avec vous, pour une histoire pareille.

JEAN

Quelle histoire ?

BERENGER

Hier...

JEAN

Quand hier ? Où hier ?

BERENGER

Vous avez oublié ? C'était à propos de ce rhinocéros, de ce malheureux rhinocéros.

JEAN

Quel rhinocéros ?

BERENGER

Le rhinocéros, ou si vous voulez, ces deux malheureux rhinocéros que nous avons aperçus.

JEAN

Ah ! oui, je me souviens... Qui vous a dit que
ces deux rhinocéros étaient malheureux ?

BERENGER

C'est une façon de parler.

JEAN

Bon. N'en parlons plus.

BERENGER

Vous êtes bien gentil.

JEAN

Et alors ?

BERENGER

Je tiens quand même à vous dire que je regrette d'avoir soutenu... avec acharnement, avec
entêtement... avec colère.. oui, bref, bref... J'ai été
stupide.

JEAN

Ça ne m'étonne pas de vous.

BERENGER

Excusez-moi.

JEAN

Je ne me sens pas très bien.

Il tousse.

BERENGER

C'est la raison, sans doute, pour laquelle vous êtes au lit. (*Changeant de ton.*) Vous savez, Jean, nous avions raison tous les deux.

JEAN

A quel propos ?

BERENGER

Au sujet de... la même chose. Encore une fois, excusez-moi d'y revenir, je ne m'y étendrai pas longtemps. Je tiens donc à vous dire, mon cher Jean, que, chacun à sa façon, nous avions raison tous les deux. Maintenant, c'est prouvé. Il y a dans la ville, des rhinocéros à deux cornes aussi bien que des rhinocéros à une corne.

JEAN

C'est ce que je vous disais ! Eh bien, tant pis.

BERENGER

Oui, tant pis.

JEAN

Ou tant mieux, c'est selon.

BERENGER, continuant

D'où viennent les uns, d'où viennent les autres, ou, d'où viennent les autres, d'où viennent les uns, cela importe peu au fond. La seule chose qui compte à mes yeux, c'est l'existence du rhinocéros en soi, car...

JEAN se retournant et s'asseyant
sur son lit défait, face à Bérenger

Je ne me sens pas très bien, je ne me sens pas très bien !

BERENGER

J'en suis désolé ! Qu'avez-vous donc ?

JEAN

Je ne sais pas trop, un malaise, des malaises...

BERENGER

Des faiblesses ?

JEAN

Pas du tout. Ça bouillonne au contraire.

BERENGER

Je veux dire... une faiblesse passagère. Ça peut arriver à tout le monde.

JEAN

A moi, jamais.

BERENGER

Peut-être un excès de santé, alors. Trop d'énergie, ça aussi c'est mauvais parfois. Ça déséquilibre le système nerveux.

JEAN

J'ai un équilibre parfait. (*La voix de Jean se fait de plus en plus rauque.*) Je suis sain d'esprit et de corps. Mon hérédité...

BERENGER

Bien sûr, bien sûr. Peut-être avez-vous pris froid quand même. Avez-vous de la fièvre ?

JEAN

Je ne sais pas. Si, sans doute un peu de fièvre. J'ai mal à la tête.

BERENGER

Une petite migraine. Je vais vous laisser, si vous voulez.

JEAN

Restez. Vous ne me gênez pas.

BERENGER

Vous êtes enroué, aussi.

JEAN

Enroué ?

BERENGER

Un peu enroué, oui. C'est pour cela que je ne reconnaissais pas votre voix.

JEAN

Pourquoi serais-je enroué ? Ma voix n'a pas changé, c'est plutôt la vôtre qui a changé.

BERENGER

La mienne ?

JEAN

Pourquoi pas ?

BERENGER

C'est possible. Je ne m'en étais pas aperçu.

JEAN

De quoi êtes-vous capable de vous apercevoir ? (*Mettant la main à son front.*) C'est le front plus précisément qui me fait mal. Je me suis cogné, sans doute !

Sa voix est encore plus rauque.

BERENGER

Quand vous êtes-vous cogné ?

JEAN

Je ne sais pas. Je ne m'en souviens pas.

BERENGER

Vous auriez eu mal.

JEAN

Je me suis peut-être cogné en dormant.

BERENGER

Le choc vous aurait réveillé. Vous aurez sans doute simplement rêvé que vous vous êtes cogné.

JEAN

Je ne rêve jamais...

BERENGER, continuant

Le mal de tête a dû vous prendre pendant votre sommeil, vous avez oublié d'avoir rêvé, ou plutôt vous vous en souvenez inconsciemment !

JEAN

Moi, inconsciemment ? Je suis maître de mes pensées, je ne me laisse pas aller à la dérive. Je vais tout droit, je vais toujours tout droit.

BERENGER

Je le sais. Je ne me suis pas fait comprendre.

JEAN

Soyez plus clair. Ce n'est pas la peine de me dire des choses désagréables.

BERENGER

On a souvent l'impression qu'on s'est cogné, quand on a mal à la tête. (*S'approchant de Jean.*) Si vous vous étiez cogné, vous devriez avoir une bosse. (*Regardant Jean.*) Si, tiens, vous en avez une, vous avez une bosse en effet.

JEAN

Une bosse ?

BERENGER

Une toute petite.

JEAN

Où ?

BERENGER, montrant le front de Jean

Tenez, elle pointe juste au-dessus de votre nez.

JEAN

Je n'ai point de bosse. Dans ma famille, on
n'en a jamais eu.

BERENGER

Avez-vous une glace ?

JEAN

Ah ça alors ! (*Se tâtant le front.*) On dirait
bien pourtant. Je vais voir, dans la salle de bains.
(*Il se lève brusquement et se dirige vers la salle
de bains. Bérenger le suit du regard. De la salle
de bains :*) C'est vrai, j'ai une bosse. (*Il revient,
son teint est devenu plus verdâtre.*) Vous voyez
bien que je me suis cogné.

BERENGER

Vous avez mauvaise mine, votre teint est verdâtre.

JEAN

Vous adorez me dire des choses désagréables.
Et vous, vous êtes-vous regardé ?

BERENGER

Excusez-moi, je ne veux pas vous faire de la
peine.

JEAN, très ennuyé

On ne le dirait pas.

BERENGER

Votre respiration est très bruyante. Avez-vous
mal à la gorge ? (*Jean va de nouveau s'asseoir sur
son lit.*) Avez-vous mal à la gorge ? c'est peut-
être une angine.

JEAN

Pourquoi aurais-je une angine ?

BERENGER

Ça n'est pas infamant, moi aussi j'ai eu des angines. Permettez que je prenne votre pouls.

Bérenger se lève, il va prendre le pouls de Jean.

JEAN, d'une voix encore plus rauque

Oh ! ça ira.

BERENGER

Votre pouls bat à un rythme tout à fait régulier. Ne vous effrayez pas.

JEAN

Je ne suis pas effrayé du tout, pourquoi le serais-je ?

BERENGER

Vous avez raison. Quelques jours de repos et ce sera fini.

JEAN

Je n'ai pas le temps de me reposer. Je dois chercher ma nourriture.

BERENGER

Vous n'avez pas grand-chose, puisque vous avez faim. Cependant, vous devriez quand même vous reposer quelques jours. Ce sera plus prudent. Avez-vous fait venir le médecin ?

JEAN

Je n'ai pas besoin de médecin.

BERENGER

Si, il faut faire venir le médecin.

JEAN

Vous n'allez pas faire venir le médecin, puisque je ne veux pas faire venir le médecin. Je me soigne tout seul.

BERENGER

Vous avez tort de ne pas croire à la médecine.

JEAN

Les médecins inventent des maladies qui n'existent pas.

BERENGER

Cela part d'un bon sentiment. C'est pour le plaisir de soigner les gens.

JEAN

Ils inventent les maladies, ils inventent les maladies !

BERENGER

Peut-être les inventent-ils. Mais ils guérissent les maladies qu'ils inventent.

JEAN

Je n'ai confiance que dans les vétérinaires.

BERENGER, qui avait lâché le poignet de Jean
le prend de nouveau

Vos veines ont l'air de se gonfler. Elles sont saillantes.

JEAN

C'est un signe de force.

BERENGER

Evidemment, c'est un signe de santé et de force. Cependant...

> Il observe de plus près l'avant-bras de Jean, malgré celui-ci, qui réussit à le retirer violemment.

JEAN

Qu'avez-vous à m'examiner comme une bête curieuse ?

BERENGER

Votre peau...

JEAN

Qu'est-ce qu'elle peut vous faire ma peau ? Est-ce que je m'occupe de votre peau ?

BERENGER

On dirait... oui, on dirait qu'elle change de couleur à vue d'œil. Elle verdit. (*Il veut reprendre la main de Jean.*) Elle durcit aussi.

JEAN, retirant de nouveau sa main

Ne me tâtez pas comme ça. Qu'est-ce qu'il vous prend ? Vous m'ennuyez.

BERENGER, pour lui

C'est peut-être plus grave que je ne croyais. (*A Jean.*) Il faut appeler le médecin.

> Il se dirige vers le téléphone.

JEAN

Laissez cet appareil tranquille. (*Il se précipite vers Bérenger et le repousse. Bérenger chancelle.*) Mêlez-vous de ce qui vous regarde.

BERENGER

Bon, bon. C'était pour votre bien.

JEAN, toussant et respirant bruyamment

Je connais mon bien mieux que vous.

BERENGER

Vous ne respirez pas facilement.

JEAN

On respire comme on peut ! Vous n'aimez pas ma respiration, moi je n'aime pas la vôtre. Vous respirez trop faiblement, on ne vous entend même pas, on dirait que vous allez mourir d'un instant à l'autre.

BERENGER

Sans doute n'ai-je pas votre force.

JEAN

Est-ce que je vous envoie, vous, chez le médecin pour qu'il vous en donne ? Chacun fait ce qu'il veut !

BERENGER

Ne vous mettez pas en colère contre moi. Vous savez bien que je suis votre ami.

JEAN

L'amitié n'existe pas. Je ne crois pas en votre amitié.

BERENGER

Vous me vexez.

JEAN

Vous n'avez pas à vous vexer.

BERENGER

Mon cher Jean...

JEAN

Je ne suis pas votre cher Jean.

BERENGER

Vous êtes bien misanthrope aujourd'hui.

JEAN

Oui, je suis misanthrope, misanthrope, misanthrope, ça me plaît d'être misanthrope.

BERENGER

Vous m'en voulez sans doute encore, pour notre sotte querelle d'hier, c'était ma faute, je le reconnais. Et justement j'étais venu pour m'excuser...

JEAN

De quelle querelle parlez-vous ?

BERENGER

Je viens de vous le rappeler. Vous savez, le rhinocéros !

JEAN, sans écouter Bérenger

A vrai dire, je ne déteste pas les hommes, ils me sont indifférents, ou bien ils me dégoûtent, mais qu'ils ne se mettent pas en travers de ma route, je les écraserais.

BERENGER

Vous savez bien que je ne serai jamais un obstacle...

JEAN

J'ai un but, moi. Je fonce vers lui.

BERENGER

Vous avez raison certainement. Cependant, je crois que vous passez par une crise morale. (*Depuis un instant, Jean parcourt la chambre, comme une bête en cage, d'un mur à l'autre. Bérenger l'observe, s'écarte de temps en temps, légèrement, pour l'éviter. La voix de Jean est toujours de plus en plus rauque.*) Ne vous énervez pas, ne vous énervez pas.

JEAN

Je me sentais mal à l'aise dans mes vêtements, maintenant mon pyjama aussi me gêne !

> Il entrouvre et referme la veste de son pyjama.

BERENGER

Ah ! mais, qu'est-ce qu'elle a votre peau ?

JEAN

Encore ma peau ? C'est ma peau, je ne la changerai certainement pas contre la vôtre.

BERENGER

On dirait du cuir.

JEAN

C'est plus solide. Je résiste aux intempéries.

BERENGER

Vous êtes de plus en plus vert.

JEAN

Vous avez la manie des couleurs aujourd'hui.
Vous avez des visions, vous avez encore bu.

BERENGER

J'ai bu hier, plus aujourd'hui.

JEAN

C'est le résultat de tout un passé de débauches.

BERENGER

Je vous ai promis de m'amender, vous le savez
bien, car moi, j'écoute les conseils d'amis comme
vous. Je ne m'en sens pas humilié, au contraire.

JEAN

Je m'en fiche. Brrr...

BERENGER

Que dites-vous ?

JEAN

Je ne dis rien. Je fais brrr... ça m'amuse.

BERENGER, regardant Jean dans les yeux

Savez-vous ce qui est arrivé à Bœuf ? Il est
devenu rhinocéros.

JEAN

Qu'est-il arrivé à Bœuf ?

BERENGER

Il est devenu rhinocéros.

JEAN, s'éventant avec les pans de sa veste

Brrr...

BERENGER

Ne plaisantez plus, voyons.

JEAN

Laissez-moi donc souffler. J'en ai bien le droit. Je suis chez moi.

BERENGER

Je ne dis pas le contraire.

JEAN

Vous faites bien de ne pas me contredire. J'ai chaud, j'ai chaud. Brrr... Une seconde. Je vais me rafraîchir.

BERENGER, tandis que Jean se précipite
dans la salle de bains

C'est la fièvre.

Jean est dans la salle de bains, on l'entend souffler, et on entend aussi cou-
ler l'eau d'un robinet.

JEAN, à côté

Brrr...

BERENGER

Il a des frissons. Tant pis, je téléphone au médecin.

> *Il se dirige de nouveau vers le télé-phone, puis se retire brusquement, lorsqu'il entend la voix de Jean.*

JEAN

Alors, ce brave Bœuf est devenu rhinocéros. Ah ! ah ! ah !... Il s'est moqué de vous, il s'est déguisé. (*Il sort sa tête par l'entrebâillement de la porte de la salle de bains. Il est très vert. Sa bosse est un peu plus grande, au-dessus du nez.*) Il s'est déguisé.

BERENGER se promenant dans la pièce, sans regarder Jean

Je vous assure que ça avait l'air très sérieux.

JEAN

Eh bien, ça le regarde.

BERENGER, se tournant vers Jean qui disparaît dans la salle de bains

Il ne l'a sans doute pas fait exprès. Le change-ment s'est fait contre sa volonté.

JEAN, à côté

Qu'est-ce que vous en savez ?

BERENGER

Du moins, tout nous le fait supposer.

JEAN

Et s'il l'avait fait exprès ? Hein, s'il l'avait fait exprès ?

BERENGER

Ça m'étonnerait. Du moins, Mme Bœuf n'avait pas l'air du tout d'être au courant...

JEAN, d'une voix rauque

Ah ! ah ! ah ! Cette grosse Mme Bœuf ! Ah ! là ! là ! C'est une idiote !

BERENGER

Idiote, ou non...

JEAN, il entre rapidement, enlève sa veste
qu'il jette sur le lit, tandis que Bérenger
se retourne discrètement.
Jean, qui a la poitrine et le dos verts,
rentre de nouveau dans la salle de bains.
Rentrant et sortant

Bœuf ne mettait jamais sa femme au courant de ses projets...

BERENGER

Vous vous trompez, Jean. C'est un ménage très uni, au contraire.

JEAN

Très uni, vous en êtes sûr ? Hum, hum, Brrr...

BERENGER, se dirigeant vers la salle de bains
dont Jean lui claque la porte au nez

Très uni. La preuve, c'est que...

JEAN, de l'autre côté

Bœuf avait sa vie personnelle. Il s'était réservé un coin secret, dans le fond de son cœur.

BERENGER

Je ne devrais pas vous faire parler, ça a l'air de vous faire du mal.

JEAN

Ça me dégage, au contraire.

BERENGER

Laissez-moi appeler le médecin, tout de même, je vous en prie.

JEAN

Je vous l'interdis absolument. Je n'aime pas les gens têtus. (*Jean entre dans la chambre. Bérenger recule un peu effrayé, car Jean est encore plus vert, et il parle avec beaucoup de peine. Sa voix est méconnaissable.*) Et alors, s'il est devenu rhinocéros de plein gré ou contre sa volonté, ça vaut peut-être mieux pour lui.

BERENGER

Que dites-vous là, cher ami ? Comment pouvez-vous penser...

JEAN

Vous voyez le mal partout. Puisque ça lui fait plaisir de devenir rhinocéros, puisque ça lui fait plaisir ! Il n'y a rien d'extraordinaire à cela.

BERENGER

Evidemment, il n'y a rien d'extraordinaire à cela. Pourtant, je doute que ça lui fasse tellement plaisir.

JEAN

Et pourquoi donc ?

BERENGER

Il m'est difficile de dire pourquoi. Ça se comprend.

JEAN

Je vous dis que ce n'est pas si mal que ça ! Après tout, les rhinocéros sont des créatures comme nous, qui ont droit à la vie au même titre que nous !

BERENGER

A condition qu'elles ne détruisent pas la nôtre. Vous rendez-vous compte de la différence de mentalité ?

JEAN, allant et venant dans la pièce,
entrant dans la salle de bains, et sortant

Pensez-vous que la nôtre soit préférable ?

BERENGER

Tout de même, nous avons notre morale à nous, que je juge incompatible avec celle de ces animaux.

JEAN

La morale ! Parlons-en de la morale, j'en ai assez de la morale, elle est belle la morale ! Il faut dépasser la morale.

BERENGER

Que mettriez-vous à la place ?

JEAN, même jeu

La nature !

BERENGER

La nature ?

JEAN, même jeu

La nature a ses lois. La morale est antinaturelle.

BERENGER

Si je comprends, vous voulez remplacer la loi morale par la loi de la jungle !

JEAN

J'y vivrai, j'y vivrai.

BERENGER

Cela se dit. Mais dans le fond, personne...

JEAN, l'interrompant, et allant et venant

Il faut reconstituer les fondements de notre vie. Il faut retourner à l'intégrité primordiale.

BERENGER

Je ne suis pas du tout d'accord avec vous.

JEAN, soufflant bruyamment

Je veux respirer.

BERENGER

Réfléchissez, voyons, vous vous rendez bien compte que nous avons une philosophie que ces animaux n'ont pas, un système de valeurs irremplaçable. Des siècles de civilisation humaine l'ont bâti !...

JEAN, toujours dans la salle de bains

Démolissons tout cela, on s'en portera mieux.

BERENGER

Je ne vous prends pas au sérieux. Vous plaisantez, vous faites de la poésie.

JEAN

Brrr...

Il barrit presque.

BERENGER

Je ne savais pas que vous étiez poète.

JEAN, il sort de la salle de bains

Brrr...

Il barrit de nouveau.

BERENGER

Je vous connais trop bien pour croire que c'est là votre pensée profonde. Car, vous le savez aussi bien que moi, l'homme...

JEAN, l'interrompant

L'homme... Ne prononcez plus ce mot !

BERENGER

Je veux dire l'être humain, l'humanisme...

JEAN

L'humanisme est périmé ! Vous êtes un vieux sentimental ridicule.

Il entre dans la salle de bains.

BERENGER

Enfin, tout de même, l'esprit...

JEAN, dans la salle de bains

Des clichés ! vous me racontez des bêtises.

BERENGER

Des bêtises !

JEAN, de la salle de bains, d'une voix
très rauque difficilement compréhensible

Absolument.

BERENGER

Je suis étonné de vous entendre dire cela, mon
cher Jean ! Perdez-vous la tête ? Enfin, aimeriez-
vous être rhinocéros ?

JEAN

Pourquoi pas ! Je n'ai pas vos préjugés.

BERENGER

Parlez plus distinctement. Je ne comprends pas.
Vous articulez mal.

JEAN, toujours de la salle de bains

Ouvrez vos oreilles !

BERENGER

Comment ?

JEAN

Ouvrez vos oreilles. J'ai dit, pourquoi ne pas
être un rhinocéros ? J'aime les changements.

BERENGER

De telles affirmations venant de votre part...
(*Bérenger s'interrompt, car Jean fait une apparition effrayante. En effet, Jean est devenu tout à
fait vert. La bosse de son front est presque devenue une corne de rhinocéros.*) Oh ! vous semblez
vraiment perdre la tête ! (*Jean se précipite vers
son lit, jette les couvertures par terre, prononce
des paroles furieuses et incompréhensibles, fait
entendre des sons inouïs.*) Mais ne soyez pas si
furieux, calmez-vous ! Je ne vous reconnais plus.

JEAN, à peine distinctement

Chaud... trop chaud. Démolir tout cela, vêtements, ça gratte, vêtements, ça gratte.

> Il fait tomber le pantalon de son pyjama.

BERENGER

Que faites-vous ? Je ne vous reconnais plus !
Vous, si pudique d'habitude !

JEAN

Les marécages ! les marécages !...

BERENGER

Regardez-moi ! Vous ne semblez plus me voir !
Vous ne semblez plus m'entendre !

JEAN

Je vous entends très bien ! Je vous vois très
bien !

> Il fonce vers Bérenger tête baissée.
> Celui-ci s'écarte.

BERENGER

Attention !

JEAN, soufflant bruyamment

Pardon !

> Puis il se précipite à toute vitesse dans
> la salle de bains.

BERENGER, fait mine de fuir vers la porte
à gauche, puis fait demi-tour et va dans la
salle de bains à la suite de Jean, en disant :

Je ne peux tout de même pas le laisser comme
cela, c'est un ami. (*De la salle de bains.*) Je vais
appeler le médecin ! C'est indispensable, indispensable, croyez-moi.

JEAN, dans la salle de bains

Non.

BERENGER, dans la salle de bains

Si. Calmez-vous, Jean ! Vous êtes ridicule. Oh !
votre corne s'allonge à vue d'œil !... Vous êtes
rhinocéros !

JEAN, dans la salle de bains

Je te piétinerai, je te piétinerai.

> Grand bruit dans la salle de bains, barrissements, bruit d'objets et d'une
> glace qui tombe et se brise ; puis on
> voit apparaître Bérenger tout effrayé
> qui ferme avec peine la porte de la
> salle de bains, malgré la poussée
> contraire que l'on devine.

BERENGER, poussant la porte

Il est rhinocéros, il est rhinocéros ! (*Bérenger
a réussi à fermer la porte. Son veston est troué*

par une corne. Au moment où Bérenger a réussi à fermer la porte, la corne du rhinocéros a traversé celle-ci. Tandis que la porte s'ébranle sous la poussée continuelle de l'animal, et que le vacarme dans la salle de bains continue et que l'on entend des barrissements mêlés à des mots à peine distincts, comme : je rage, salaud, etc., Bérenger se précipite vers la porte de droite.) Jamais je n'aurais cru ça de lui ! (*Il ouvre la porte donnant sur l'escalier, et va frapper à la porte sur le palier, à coups de poings répétés.*) Vous avez un rhinocéros dans l'immeuble ! Appelez la police !

LE PETIT VIEUX, sortant sa tête

Qu'est-ce que vous avez ?

BERENGER

Appelez la police ! Vous avez un rhinocéros dans la maison !...

VOIX DE LA FEMME DU PETIT VIEUX

Qu'est-ce qu'il y a, Jean ? Pourquoi fais-tu du bruit ?

LE PETIT VIEUX, à sa femme

Je ne sais pas ce qu'il raconte. Il a vu un rhinocéros.

BERENGER

Oui, dans la maison. Appelez la police !

LE PETIT VIEUX

Qu'est-ce que vous avez à déranger les gens comme cela. En voilà des manières !

Il lui ferme la porte au nez.

BERENGER, se précipitant dans l'escalier

Concierge, concierge, vous avez un rhinocéros dans la maison, appelez la police ! Concierge ! (*On voit s'ouvrir le haut de la porte de la loge de la concierge ; apparaît une tête de rhinocéros.*) Encore un ! (*Bérenger remonte à toute allure les marches de l'escalier. Il veut entrer dans la chambre de Jean, hésite, puis se dirige de nouveau vers la porte du Petit Vieux. A ce moment la porte du Petit Vieux s'ouvre et apparaissent deux petites têtes de rhinocéros.*) Mon Dieu ! Ciel ! (*Bérenger entre dans la chambre de Jean tandis que la porte de la salle de bains continue d'être secouée. Bérenger se dirige vers la fenêtre, qui est indiquée par un simple encadrement, sur le devant de la scène, face au public. Il est à bout de force, manque de défaillir, bredouille :*) Ah mon Dieu ! Ah mon Dieu ! (*Il fait un grand effort, se met à enjamber la fenêtre, passe presque de l'autre côté, c'est-à-dire vers la salle, et remonte vivement, car au même instant on voit apparaître, de la fosse d'orchestre, la parcourant à toute vitesse, une grande quantité de cornes de rhinocéros à la file. Bérenger remonte le plus vite qu'il peut et regarde un instant par la fenêtre.*) Il y en a tout un troupeau maintenant dans la rue ! Une armée de rhinocéros, ils dévalent l'avenue en pente !... (*Il regarde de tous les côtés.*) Par où sortir, par où sortir !... Si encore ils se contentaient du milieu de la rue ! Ils débordent sur le trottoir, par où sortir, par où partir ! (*Affolé, il se dirige vers toutes les portes, et vers la fenêtre, tour à tour, tandis que la porte de la salle de bains continue de s'ébranler et que l'on entend Jean barrir et proférer des injures incompréhensibles. Le jeu continue quelques instants : chaque fois que dans ses tentatives désordonnées de fuite.*

Bérenger se trouve devant la porte des Vieux, ou sur les marches de l'escalier, il est accueilli par des têtes de rhinocéros qui barrissent et le font reculer. Il va une dernière fois vers la fenêtre, regarde.) Tout un troupeau de rhinocéros ! Et on disait que c'est un animal solitaire ! C'est faux, il faut réviser cette conception ! Ils ont démoli tous les bancs de l'avenue. *(Il se tord les mains.)* Comment faire ? *(Il se dirige de nouveau vers les différentes sorties, mais la vue des rhinocéros l'en empêche. Lorsqu'il se trouve de nouveau devant la porte de la salle de bains, celle-ci menace de céder. Bérenger se jette contre le mur du fond qui cède ; on voit la rue dans le fond, il s'enfuit en criant.)* Rhinocéros ! Rhinocéros ! *(Bruits, la porte de la salle de bains va céder.)*

Rideau

ACTE III

DECOR

A peu près la même plantation qu'au tableau pré-
cédent. C'est la chambre de Bérenger, qui ressemble
étonnamment à celle de Jean. Quelques détails seule-
ment, un ou deux meubles en plus indiqueront qu'il
s'agit d'une autre chambre. L'escalier à gauche, palier.
Porte au fond du palier. Il n'y a pas la loge de la
concierge. Divan au fond. Bérenger est allongé sur
son divan, dos au public. Un fauteuil, une petite
table avec téléphone. Une table supplémentaire peut-
être, et une chaise. Fenêtre au fond, ouverte. Enca-
drement d'une fenêtre à l'avant-scène. Bérenger est
habillé sur son divan. Il a la tête bandée. Il doit
faire de mauvais rêves, car il s'agite dans son som-
meil.

BERENGER

Non. (*Pause.*) Les cornes, gare aux cornes !
(*Pause. On entend les bruits d'un assez grand*
nombre de rhinocéros qui passent sous la fenêtre
du fond.) Non ! (*Il tombe par terre, en se débat-*
tant contre ce qu'il voit en rêve et se réveille. Il
met la main à son front, l'air effrayé, puis se
dirige vers la glace, soulève son bandage tandis

que les bruits s'éloignent. Il pousse un soupir de soulagement car il s'aperçoit qu'il n'a pas de bosse. Il hésite, va vers le divan, s'allonge, puis se relève tout de suite. Il se dirige vers la table d'où il prend une bouteille de cognac et un verre, fait mine de se verser à boire. Puis après un court débat muet, il va de nouveau poser la bouteille et le verre à leur place.) De la volonté, de la volonté. *(Il veut se diriger de nouveau vers son divan, mais on entend de nouveau la course des rhinocéros sous la fenêtre du fond. Bérenger met la main à son cœur.)* Oh ! *(Il se dirige vers la fenêtre du fond, regarde un instant, puis, avec énervement, il ferme la fenêtre du fond. Les bruits cessent, il se dirige vers la petite table, hésite un instant, puis, avec un geste qui signifie : « tant pis », il se verse à boire un grand verre de cognac qu'il boit d'un trait. Il remet la bouteille et le verre en place. Il tousse. Sa propre toux a l'air de l'inquiéter, il tousse encore, et s'écoute tousser. Il se regarde de nouveau une seconde dans la glace, en toussant, ouvre la fenêtre, les souffles des fauves s'entendent plus fort, il tousse de nouveau.)* Non. Pas pareil !

> Il se calme, ferme la fenêtre, se tâte le front par-dessus son bandage, va vers son divan, a l'air de s'endormir. On voit Dudard monter les dernières marches de l'escalier, arriver sur le palier et frapper à la porte de Bérenger.

BERENGER, sursautant

Qu'est-ce qu'il y a ?

DUDARD

Je suis venu vous voir, Bérenger, je suis venu vous voir.

BERENGER

Qui est là ?

DUDARD

C'est moi, c'est moi.

BERENGER

Qui ça, moi ?

DUDARD

Moi, Dudard.

BERENGER

Ah ! c'est vous, entrez.

DUDARD

Je ne vous dérange pas ? (*Il essaye d'ouvrir.*)
La porte est fermée.

BERENGER

Une seconde. Ah ! là là.

> Il va ouvrir ; Dudard entre.

DUDARD

Bonjour, Bérenger.

BERENGER

Bonjour, Dudard, quelle heure est-il ?

DUDARD

Alors, toujours là, à rester barricadé chez vous.
Allez-vous mieux, mon cher ?

BERENGER

Excusez-moi, je ne reconnaissais pas votre voix. (*Bérenger va aussi ouvrir la fenêtre*). Oui, oui, ça va un peu mieux, j'espère.

DUDARD

Ma voix n'a pas changé. Moi, j'ai bien reconnu la vôtre.

BERENGER

Excusez-moi, il m'avait semblé... en effet, votre voix est bien la même. Ma voix non plus n'a pas changé, n'est-ce pas ?

DUDARD

Pourquoi aurait-elle changé ?

BERENGER

Je ne suis pas un peu... un peu enroué ?

DUDARD

Je n'ai pas du tout cette impression.

BERENGER

Tant mieux. Vous me rassurez.

DUDARD

Qu'est-ce qui vous prend ?

BERENGER

Je ne sais pas, on ne sait jamais. Une voix peut changer, cela arrive, hélas !

DUDARD

Auriez-vous attrapé froid aussi ?

BERENGER

J'espère bien que non, mais asseyez-vous, Dudard, installez-vous. Prenez le fauteuil.

DUDARD, s'installant dans le fauteuil

Vous ne vous sentez toujours pas bien ? Vous avez toujours mal à la tête ?

> Il montre le bandage de Bérenger.

BERENGER

Mais oui, j'ai toujours mal à la tête. Mais je n'ai pas de bosse, je ne me suis pas cogné !... n'est-ce pas ?

> Il soulève son bandage, montre son front à Dudard.

DUDARD

Non, vous n'avez pas de bosse. Je n'en vois pas.

BERENGER

Je n'en aurai jamais, j'espère. Jamais.

DUDARD

Si vous ne vous cognez pas, comment pourriez-vous en avoir ?

BERENGER

Si on ne veut vraiment pas se cogner, on ne se cogne pas !

DUDARD

Evidemment. Il s'agit de faire attention. Qu'est-ce que vous avez donc ? Vous êtes nerveux, agité. C'est évidemment à cause de votre migraine. Ne bougez plus, vous aurez moins mal.

BERENGER

Une migraine ? Ne me parlez pas de migraine !
N'en parlez pas.

DUDARD

C'est explicable que vous ayez des migraines,
après votre émotion.

BERENGER

J'ai du mal à me remettre !

DUDARD

Alors, il n'y a rien d'extraordinaire à ce que
vous ayez mal à la tête.

BERENGER, se précipitant devant la glace, soulevant son bandage

Non, rien... Vous savez, c'est comme cela que
ça peut commencer.

DUDARD

Qu'est-ce qui peut commencer ?

BERENGER

...J'ai peur de devenir un autre.

DUDARD

Tranquillisez-vous donc, asseyez-vous. A par-
courir la pièce d'un bout à l'autre, cela ne peut
que vous énerver davantage.

BERENGER

Oui, vous avez raison, du calme. (*Il va s'as-seoir*.). Je n'en reviens pas, vous savez.

DUDARD

A cause de Jean, je le sais.

BERENGER

Oui. A cause de Jean, bien sûr, à cause des autres aussi.

DUDARD

Je comprends que vous ayez été choqué.

BERENGER

On le serait à moins, vous l'admettez !

DUDARD

Enfin, tout de même, il ne faut pourtant pas exagérer, ce n'est pas une raison pour vous de...

BERENGER

J'aurais voulu vous y voir. Jean était mon meilleur ami. Et ce revirement qui s'est produit sous mes yeux, sa colère !

DUDARD

D'accord. Vous avez été déçu, c'est entendu. N'y pensez plus.

BERENGER

Comment pourrais-je ne pas y penser ! Ce garçon, si humain, grand défenseur de l'humanisme ! Qui l'eût cru ! Lui, lui ! On se connaissait depuis...

depuis toujours. Jamais je ne me serais douté qu'il aurait évolué de cette façon. J'étais plus sûr de lui que de moi-même !... Me faire ça, à moi.

DUDARD

Cela n'était sans doute pas dirigé spécialement contre vous !

BERENGER

Cela en avait bien l'air pourtant. Si vous aviez vu dans quel état... l'expression de sa figure...

DUDARD

C'est parce que c'est vous qui vous trouviez par hasard chez lui. Avec n'importe qui cela se serait passé de la même façon.

BERENGER

Devant moi, étant donné notre passé commun, il aurait pu se retenir.

DUDARD

Vous vous croyez le centre du monde, vous croyez que tout ce qui arrive vous concerne personnellement ! Vous n'êtes pas la cible universelle !

BERENGER

C'est peut-être juste. Je vais tâcher de me raisonner. Cependant le phénomène en soi est inquiétant. Moi, à vrai dire, cela me bouleverse. Comment l'expliquer ?

DUDARD

Pour le moment, je ne trouve pas encore une explication satisfaisante. Je constate les faits, je

les enregistre. Cela existe, donc cela doit pouvoir
s'expliquer. Des curiosités de la nature, des bizar-
reries, des extravagances, un jeu, qui sait ?

BERENGER

Jean était très orgueilleux. Moi, je n'ai pas
d'ambition. Je me contente de ce que je suis.

DUDARD

Peut-être aimait-il l'air pur, la campagne, l'es-
pace... peut-être avait-il besoin de se détendre. Je
ne dis pas ça pour l'excuser...

BERENGER

Je vous comprends, enfin j'essaye. Pourtant,
même si on m'accusait de ne pas avoir l'esprit
sportif ou d'être un petit bourgeois, figé dans son
univers clos, je resterais sur mes positions.

DUDARD

Nous resterons tous les mêmes, bien sûr. Alors
pourquoi vous inquiétez-vous pour quelques cas
de rhinocérite ? Cela peut être aussi une maladie.

BERENGER

Justement, j'ai peur de la contagion.

DUDARD

Oh ! n'y pensez plus. Vraiment, vous attachez
trop d'importance à la chose. L'exemple de Jean
n'est pas symptomatique, n'est pas représentatif,
vous avez dit vous-même que Jean était orgueilleux. A mon avis, excusez-moi de dire du mal de

votre ami, c'était un excité, un peu sauvage, un excentrique, on ne prend pas en considération les originaux. C'est la moyenne qui compte.

BERENGER

Alors cela s'éclaire. Vous voyez, vous ne pouviez pas expliquer le phénomène. Eh bien, voilà, vous venez de me donner une explication plausible. Oui, pour s'être mis dans cet état, il a certainement dû avoir une crise, un accès de folie... Et pourtant, il avait des arguments, il semblait avoir réfléchi à la question, mûri sa décision... Mais Bœuf, Bœuf, était-il fou lui aussi ?... et les autres, les autres ?...

DUDARD

Il reste l'hypothèse de l'épidémie. C'est comme la grippe. Ça c'est déjà vu des épidémies.

BERENGER

Elles n'ont jamais ressemblé à celle-ci. Et si ça venait des colonies ?

DUDARD

En tout cas, vous ne pouvez pas prétendre que Bœuf et les autres, eux aussi, ont fait ce qu'ils ont fait, ou sont devenus ce qu'ils sont devenus, exprès pour vous ennuyer. Ils ne se seraient pas donné ce mal.

BERENGER

C'est vrai, c'est sensé ce que vous dites, c'est une parole rassurante... ou peut-être au contraire, cela est-il plus grave encore ? (*On entend des*

rhinocéros galoper sous la fenêtre du fond.)
Tenez, vous entendez ? (*Il se précipite vers la fenêtre.*)

DUDARD

Laissez-les donc tranquilles ! (*Bérenger referme la fenêtre*). En quoi vous gênent-ils ? Vraiment, ils vous obsèdent. Ce n'est pas bien. Vous vous épuisez nerveusement. Vous avez eu un choc, c'est entendu ! N'en cherchez pas d'autres. Maintenant, tâchez tout simplement de vous rétablir.

BERENGER

Je me demande si je suis bien immunisé.

DUDARD

De toute façon, ce n'est pas mortel. Il y a des maladies qui sont saines. Je suis convaincu qu'on en guérit si on veut. Ça leur passera, allez.

BERENGER

Ça doit certainement laisser des traces ! Un tel déséquilibre organique ne peut pas ne pas en laisser...

DUDARD

C'est passager, ne vous en faites pas.

BERENGER

Vous en êtes convaincu ?

DUDARD

Je le crois, oui, je le suppose.

BERENGER

Mais si on ne veut vraiment pas, n'est-ce pas, si on ne veut vraiment pas attraper ce mal, qui est un mal nerveux, on ne l'attrape pas, on ne l'attrape pas !... Voulez-vous un verre de cognac ?

Il se dirige vers la table où se trouve la bouteille.

DUDARD

Ne vous dérangez pas, je n'en prends pas, merci. Qu'à cela ne tienne, si vous voulez en prendre, allez-y, ne vous gênez pas pour moi, mais attention, vous aurez encore plus mal à la tête après.

BERENGER

L'alcool est bon contre les épidémies. Ça m'immunise. Par exemple, ça tue les microbes de la grippe.

DUDARD

Ça ne tue peut-être pas tous les microbes de toutes les maladies. Pour la rhinocérite, on ne peut pas encore savoir.

BERENGER

Jean ne buvait jamais d'alcool. Il le prétendait. C'est peut-être pour cela qu'il... c'est peut-être cela qui explique son attitude. (*Il tend un verre plein à Dudard.*) Vous n'en voulez vraiment pas ?

DUDARD

Non, non, jamais avant le déjeuner. Merci.

Bérenger vide son verre, continuant de le tenir à la main ainsi que la bouteille ; il tousse.

DUDARD

Vous voyez, vous voyez, vous ne le supportez pas. Ça vous fait tousser.

BERENGER, inquiet

Oui, ça m'a fait tousser. Comment ai-je toussé ?

DUDARD

Comme tout le monde, quand on boit quelque chose d'un peu fort.

BERENGER, allant déposer le verre
et la bouteille sur la table

Ce n'était pas une toux étrange ? C'était bien une véritable toux humaine ?

DUDARD

Qu'allez-vous chercher ? C'était une toux humaine. Quel autre genre de toux cela aurait-il pu être ?

BERENGER

Je ne sais pas... Une toux d'animal, peut-être... Est-ce que ça tousse un rhinocéros ?

DUDARD

Voyons, Bérenger, vous êtes ridicule, vous vous créez des problèmes, vous vous posez des questions saugrenues... Je vous rappelle que vous précisiez vous-même que la meilleure façon de se défendre contre la chose c'est d'avoir de la volonté.

BERENGER

Oui, bien sûr.

DUDARD

Eh bien, prouvez que vous en avez.

BERENGER

Je vous assure que j'en ai...

DUDARD

...Prouvez-le à vous-même, tenez, ne buvez plus de cognac... vous serez plus sûr de vous.

BERENGER

Vous ne voulez pas me comprendre. Je vous répète que c'est tout simplement parce que cela préserve du pire que j'en prends, oui, c'est calculé. Quand il n'y aura plus d'épidémie, je ne boirai plus. J'avais déjà pris cette décision avant les événements. Je la reporte, provisoirement !

DUDARD

Vous vous donnez des excuses.

BERENGER

Ah oui, vous croyez ?... En tout cas, cela n'a rien à voir avec ce qui se passe.

DUDARD

Sait-on jamais ?

BERENGER, effrayé

Vous le pensez vraiment ? Vous croyez que cela prépare le terrain ! Je ne suis pas alcoolique. (*Il se dirige vers la glace ; s'y observe.*) Est-ce que par hasard... (*Il met la main sur sa figure, tâte son front par-dessus le bandage.*) Rien n'est changé, ça ne m'a pas fait de mal, c'est la preuve que ça a du bon... ou du moins que c'est inoffensif.

DUDARD

Je plaisantais, Bérenger, voyons. Je vous taquinais. Vous voyez tout en noir, vous allez devenir neurasthénique, attention. Lorsque vous serez tout à fait rétabli de votre choc, de votre dépression, et que vous pourrez sortir, prendre un peu d'air, ça ira mieux, vous allez voir. Vos idées sombres s'évanouiront.

BERENGER

Sortir ? Il faudra bien. J'appréhende ce moment. Je vais certainement en rencontrer...

DUDARD

Et alors ? Vous n'avez qu'à éviter de vous mettre sur leur passage. Ils ne sont pas tellement nombreux d'ailleurs.

BERENGER

Je ne vois qu'eux. Vous allez dire que c'est morbide de ma part.

DUDARD

Ils ne vous attaquent pas. Si on les laisse tranquilles, ils vous ignorent. Dans le fond, ils ne sont pas méchants. Il y a même chez eux une certaine innocence naturelle, oui ; de la candeur. D'ailleurs, j'ai parcouru moi-même, à pied, toute l'avenue pour venir chez vous. Vous voyez, je suis sain et sauf, je n'ai eu aucun ennui.

BERENGER

Rien qu'à les voir, moi, ça me bouleverse. C'est nerveux. Ça ne me met pas en colère, non, on ne doit pas se mettre en colère, ça peut mener loin, la colère, je m'en préserve, mais cela me fait quelque chose, là, (*Il montre son cœur*) cela me serre le cœur.

DUDARD

Jusqu'à un certain point, vous avez raison d'être impressionné. Vous l'êtes trop, cependant. Vous manquez d'humour, c'est votre défaut, vous manquez d'humour. Il faut prendre les choses à la légère, avec détachement.

BERENGER

Je me sens solidaire de tout ce qui arrive. Je prends part, je ne peux pas rester indifférent.

DUDARD

Ne jugez pas les autres, si vous ne voulez pas être jugé. Et puis si on se faisait des soucis pour tout ce qui se passe, on ne pourrait plus vivre.

BERENGER

Si cela s'était passé ailleurs, dans un autre pays et qu'on eût appris cela par les journaux, on pourrait discuter paisiblement de la chose, étudier la question sur toutes ses faces, en tirer objectivement des conclusions. On organiserait des débats académiques, on ferait venir des savants, des écrivains, des hommes de loi, des femmes savantes, des artistes. Des hommes de la rue aussi, ce serait intéressant, passionnant, instructif. Mais quand vous êtes pris vous-même dans l'événement, quand vous êtes mis tout à coup devant la réalité bru-

tale des faits, on ne peut pas ne pas se sentir
concerné directement, on est trop violemment
surpris pour garder tout son sang-froid. Moi, je
suis surpris, je suis surpris, je suis surpris ! Je
n'en reviens pas.

DUDARD

Moi aussi, j'ai été surpris, comme vous. Ou
plutôt je l'étais. Je commence déjà à m'habituer.

BERENGER

Vous avez un système nerveux mieux équilibré
que le mien. Je vous en félicite. Mais vous ne
trouvez pas que c'est malheureux...

DUDARD, l'interrompant

Je ne dis certainement pas que c'est un bien.
Et ne croyez pas que je prenne parti à fond pour
les rhinocéros...

> Nouveaux bruits de rhinocéros passant,
> cette fois, sous l'encadrement de la
> fenêtre à l'avant-scène.

BERENGER, sursautant

Les voilà encore ! Les voilà encore ! Ah ! non,
rien à faire, moi je ne peux pas m'y habituer. J'ai
tort peut-être. Ils me préoccupent tellement malgré moi que cela m'empêche de dormir. J'ai des
insomnies. Je somnole dans la journée quand je
suis à bout de fatigue.

DUDARD

Prenez des somnifères.

BERENGER

Ce n'est pas une solution. Si je dors, c'est pire. J'en rêve la nuit, j'ai des cauchemars.

DUDARD

Voilà ce que c'est que de prendre les choses trop à cœur. Vous aimez bien vous torturer. Avouez-le.

BERENGER

Je vous jure que je ne suis pas masochiste.

DUDARD

Alors, assimilez la chose et dépassez-la. Puisqu'il en est ainsi, c'est qu'il ne peut en être autrement.

BERENGER

C'est du fatalisme.

DUDARD

C'est de la sagesse. Lorsqu'un tel phénomène se produit, il a certainement une raison de se produire. C'est cette cause qu'il faut discerner.

BERENGER, se levant

Eh bien, moi, je ne veux pas accepter cette situation.

DUDARD

Que pouvez-vous faire ? Que comptez-vous faire?

BERENGER

Pour le moment, je ne sais pas. Je réfléchirai. J'enverrai des lettres aux journaux, j'écrirai des

manifestes, je solliciterai une audience au maire,
à son adjoint, si le maire est trop occupé.

DUDARD

Laissez les autorités réagir d'elles-mêmes !
Après tout je me demande si, moralement, vous
avez le droit de vous mêler de l'affaire. D'ailleurs,
je continue de penser que ce n'est pas grave. A
mon avis, il est absurde de s'affoler pour quelques
personnes qui ont voulu changer de peau. Ils ne
se sentaient pas bien dans la leur. Ils sont bien
libres, ça les regarde.

BERENGER

Il faut couper le mal à la racine.

DUDARD

Le mal, le mal ! Parole creuse ! Peut-on savoir
où est le mal, où est le bien ? Nous avons des
préférences, évidemment. Vous craignez surtout
pour vous. C'est ça la vérité, mais vous ne devien-
drez jamais rhinocéros, vraiment... vous n'avez
pas la vocation !

BERENGER

Et voilà, et voilà ! Si les dirigeants et nos
concitoyens pensent tous comme vous, ils ne se
décideront pas à agir.

DUDARD

Vous n'allez tout de même pas demander l'aide
de l'étranger. Ceci est une affaire intérieure, elle
concerne uniquement notre pays.

BERENGER

Je crois à la solidarité internationale...

DUDARD

Vous êtes un Don Quichotte ! Ah ! je ne dis pas cela méchamment, je ne vous offense pas ! C'est pour votre bien, vous le savez, car, décidément, vous devez vous calmer.

BERENGER

Je n'en doute pas, excusez-moi. Je suis trop anxieux. Je me corrigerai. Je m'excuse aussi de vous retenir, de vous obliger à écouter mes divagations. Vous avez sans doute du travail. Avez-vous reçu ma demande de congé de maladie ?

DUDARD

Ne vous inquiétez pas. C'est en ordre. D'ailleurs, le bureau n'a pas repris son activité.

BERENGER

On n'a pas encore réparé l'escalier ? Quelle négligence ! C'est pour cela que tout va mal.

DUDARD

On est en train de réparer. Ça ne va pas vite. Il n'est pas facile de trouver des ouvriers. Ils viennent s'embaucher, ils travaillent un jour ou deux, et puis ils s'en vont. On ne les voit plus. Il faut en chercher d'autres.

BERENGER

Et on se plaint du chômage ! J'espère au moins qu'on aura un escalier en ciment.

DUDARD

Non, en bois toujours, mais du bois neuf.

BERENGER

Ah ! la routine des administrations. Elles gaspillent de l'argent et quand il s'agit d'une dépense utile, elles prétendent qu'il n'y a pas de fonds suffisants. M. Papillon ne doit pas être content. Il y tenait beaucoup à son escalier en ciment. Qu'est-ce qu'il en pense ?

DUDARD

Nous n'avons plus de chef. M. Papillon a donné sa démission.

BERENGER

Pas possible !

DUDARD

Puisque je vous le dis.

BERENGER

Cela m'étonne... C'est à cause de cette histoire d'escalier ?

DUDARD

Je ne crois pas. En tout cas, ce n'est pas la raison qu'il en a donné.

BERENGER

Pourquoi donc alors ? Qu'est-ce qu'il lui prend?

DUDARD

Il veut se retirer à la campagne.

BERENGER

Il prend sa retraite ? Il n'a pourtant pas l'âge, il pouvait encore devenir directeur.

DUDARD

Il y a renoncé. Il prétendait qu'il avait besoin de repos.

BERENGER

La Direction générale doit être bien ennuyée de ne plus l'avoir, il faudra le remplacer. C'est tant mieux pour vous, avec vos diplômes, vous avez votre chance.

DUDARD

Pour ne rien vous cacher... c'est assez drôle, il est devenu rhinocéros.

Bruits lointains de rhinocéros.

BERENGER

Rhinocéros ! M. Papillon est devenu rhinocéros ! Ah ! ça par exemple ! Ça par exemple !... Moi, je ne trouve pas cela drôle ! Pourquoi ne me l'avez-vous pas dit plus tôt ?

DUDARD

Vous voyez bien que vous n'avez pas d'humour. Je ne voulais pas vous le dire... je ne voulais pas vous le dire parce que, tel que je vous connais, je savais que vous ne trouveriez pas cela drôle, et que cela vous frapperait. Impressionnable comme vous l'êtes !

BERENGER, levant les bras au ciel

Ah ! ça, ah ! ça... M. Papillon !... Et il avait une si belle situation.

DUDARD

Cela prouve tout de même la sincérité de sa métamorphose.

BERENGER

Il n'a pas dû le faire exprès, je suis convaincu qu'il s'agit là d'un changement involontaire.

DUDARD

Qu'en savons-nous ? Il est difficile de connaître les raisons secrètes des décisions des gens.

BERENGER

Ça doit être un acte manqué. Il avait des complexes cachés. Il aurait dû se faire psychanalyser.

DUDARD

Même si c'est un transfert, cela peut être révélateur. Chacun trouve la sublimation qu'il peut.

BERENGER

Il s'est laissé entraîner, j'en suis sûr.

DUDARD

Cela peut arriver à n'importe qui !

BERENGER, effraye

A n'importe qui ? Ah ! non, pas à vous, n'est-ce pas, pas à vous ? Pas à moi !

DUDARD

Je l'espère.

BERENGER

Puisqu'on ne veut pas... n'est-ce pas... n'est-ce pas... dites ? n'est-ce pas, n'est-ce pas ?

DUDARD

Mais oui, mais oui...

BERENGER, se calmant un peu

Je pensais tout de même que M. Papillon aurait eu la force de mieux résister. Je croyais qu'il avait un peu plus de caractère !... D'autant plus que je ne vois pas quel est son intérêt, son intérêt matériel, son intérêt moral...

DUDARD

Son geste est désintéressé. C'est évident.

BERENGER

Bien sûr. C'est une circonstance atténuante... ou aggravante ? Aggravante plutôt, je crois, car s'il a fait cela par goût... Vous voyez, je suis convaincu que Botard a dû juger son comportement avec sévérité, qu'est-ce qu'il en pense, lui, qu'est-ce qu'il en pense de son chef ?

DUDARD

Ce pauvre M. Botard, il était indigné, il était outré. J'ai rarement vu quelqu'un de plus exaspéré.

BERENGER

Eh bien, cette fois je ne lui donne pas tort. Ah ! Botard, c'est tout de même quelqu'un. Un homme sensé. Et moi qui le jugeais mal.

DUDARD

Lui aussi vous jugeait mal.

BERENGER

Cela prouve mon objectivité dans l'affaire actuelle. D'ailleurs, vous aviez vous-même une mauvaise opinion de lui.

DUDARD

Une mauvaise opinion... ce n'est pas le mot. Je dois dire que je n'étais pas souvent d'accord avec lui. Son scepticisme, son incrédulité, sa méfiance me déplaisaient. Cette fois non plus, je ne lui ai pas donné toute mon approbation.

BERENGER

Pour des raisons opposées, à présent.

DUDARD

Non. Ce n'est pas exactement cela, mon raisonnement, mon jugement est tout de même un peu plus nuancé que vous ne semblez le croire. C'est parce qu'en fait Botard n'avait guère d'arguments précis et objectifs. Je vous répète que je n'approuve pas non plus les rhinocéros, non, pas du tout, ne pensez pas cela. Seulement, l'attitude de Botard était comme toujours trop passionnelle, donc simpliste. Sa prise de position me semble uniquement dictée par la haine de ses supérieurs. Donc, complexe d'infériorité, ressentiment. Et puis, il parle en clichés, les lieux communs ne me touchent pas.

BERENGER

Eh bien, cette fois, je suis tout à fait d'accord avec Botard, ne vous en déplaise. C'est un brave type. Voilà.

DUDARD

Je ne le nie pas, mais cela ne veut rien dire.

BERENGER

Oui, un brave type ! Ça ne se trouve pas souvent les braves types, et pas dans les nuages. Un brave type avec ses quatre pieds sur terre ; pardon, ses deux pieds, je veux dire. Je suis heureux de me sentir en parfait accord avec lui. Quand je le verrai, je le féliciterai. Je condamne M. Papillon. Il avait le devoir de ne pas succomber.

DUDARD

Que vous êtes intolérant ! Peut-être Papillon a-t-il senti le besoin d'une détente après tant d'années de vie sédentaire.

BERENGER, ironique

Vous, vous êtes trop tolérant, trop large d'esprit !

DUDARD

Mon cher Bérenger, il faut toujours essayer de comprendre. Et lorsqu'on veut comprendre un phénomène et ses effets, il faut remonter jusqu'à ses causes, par un effort intellectuel honnête. Mais il faut tâcher de le faire, car nous sommes des êtres pensants. Je n'ai pas réussi, je vous le répète, je ne sais pas si je réussirai. De toute façon, on doit avoir au départ, un préjugé favorable, ou sinon, au moins une neutralité, une ouverture d'esprit qui est le propre de la mentalité scientifique. Tout est logique. Comprendre, c'est justifier.

BERENGER

Vous allez bientôt devenir un sympathisant des rhinocéros.

DUDARD

Mais non, mais non. Je n'irai pas jusque-là. Je suis tout simplement quelqu'un qui essaye de voir les choses en face, froidement. Je veux être réa-

liste. Je me dis aussi qu'il n'y a pas de vices véri-
tables dans ce qui est naturel. Malheur à celui qui
voit le vice partout. C'est le propre des inquisi-
teurs.

BERENGER

Vous trouvez, vous, que c'est naturel ?

DUDARD

Quoi de plus naturel qu'un rhinocéros ?

BERENGER

Oui, mais un homme qui devient rhinocéros,
c'est indiscutablement anormal.

DUDARD

Oh ! indiscutablement !... vous savez...

BERENGER

Oui, indiscutablement anormal, absolument
anormal !

DUDARD

Vous me semblez bien sûr de vous. Peut-on
savoir où s'arrête le normal, où commence l'anormal ? Vous pouvez définir ces notions, vous, nor-
malité, anormalité? Philosophiquement et médica-
lement, personne n'a pu résoudre le problème.
Vous devriez être au courant de la question.

BERENGER

Peut-être ne peut-on pas trancher philosophiquement cette question. Mais pratiquement, c'est
facile. On vous démontre que le mouvement
n'existe pas... et on marche, on marche, on mar-

che... (*Il se met à marcher d'un bout à l'autre
de la pièce.*) ...on marche ou alors on se dit à
soi-même, comme Galilée : « E pur si muove... »

DUDARD

Vous mélangez tout dans votre tête ! Ne con-
fondez pas, voyons. Dans le cas de Galilée, c'était
au contraire la pensée théorique et scientifique
qui avait raison contre le sens commun et le
dogmatisme.

BERENGER, perdu

Qu'est-ce que c'est que ces histoires ! Le sens
commun, le dogmatisme, des mots, des mots ! Je
mélange peut-être tout dans ma tête, mais vous,
vous la perdez. Vous ne savez plus ce qui est
normal, ce qui ne l'est pas ! Vous m'assommez
avec votre Galilée... Je m'en moque de Galilée.

DUDARD

C'est vous-même qui l'avez cité et qui avez sou-
levé la question, en prétendant que la pratique
avait toujours le dernier mot. Elle l'a peut-être,
mais lorsqu'elle procède de la théorie ! L'histoire
de la pensée et de la science le prouve bien.

BERENGER, de plus en plus furieux

Ça ne prouve rien du tout ! C'est du charabia,
c'est de la folie !

DUDARD

Encore faut-il savoir ce que c'est que la folie...

BERENGER

La folie, c'est la folie na ! La folie, c'est la folie
tout court ! Tout le monde sait ce que c'est, la

folie. Et les rhinocéros, c'est de la pratique, ou de la théorie ?

DUDARD

L'un et l'autre.

BERENGER

Comment l'un et l'autre !

DUDARD

L'un et l'autre ou l'un ou l'autre. C'est à débattre !

BERENGER

Alors là, je... refuse de penser !

DUDARD

Vous vous mettez hors de vous. Nous n'avons pas tout à fait les mêmes opinions, nous en discutons paisiblement. On doit discuter.

BERENGER, affolé

Vous croyez que je suis hors de moi ? On dirait que je suis Jean. Ah ! non, non, je ne veux pas devenir comme Jean. Ah ! non, je ne veux pas lui ressembler. (*Il se calme.*) Je ne suis pas calé en philosophie. Je n'ai pas fait d'études ; vous, vous avez des diplômes. Voilà pourquoi vous êtes plus à l'aise dans la discussion, moi, je ne sais quoi vous répondre, je suis maladroit. (*Bruits plus forts des rhinocéros, passant d'abord sous la fenêtre du fond, puis sous la fenêtre d'en face.*) Mais je sens, moi, que vous êtes dans votre tort... je le sens instinctivement, ou plutôt non, c'est le rhinocéros qui a de l'instinct, je le sens intuitivement, voilà le mot, intuitivement.

DUDARD

Qu'entendez-vous par intuitivement ?

BERENGER

Intuitivement, ça veut dire : ...comme ça, na !
Je sens, comme ça, que votre tolérance excessive,
votre généreuse indulgence... en réalité, croyez-
moi, c'est de la faiblesse... de l'aveuglement...

DUDARD

C'est vous qui le prétendez, naïvement.

BERENGER

Avec moi, vous aurez toujours beau jeu. Mais
écoutez, je vais tâcher de retrouver le Logicien...

DUDARD

Quel logicien ?

BERENGER

Le Logicien, le philosophe, un logicien quoi...
vous savez mieux que moi ce que c'est qu'un logicien. Un logicien que j'ai connu, qui m'a expliqué...

DUDARD

Que vous a-t-il expliqué ?

BERENGER

Qui a expliqué que les rhinocéros asiatiques
étaient africains, et que les rhinocéros africains
étaient asiatiques.

DUDARD

Je saisis difficilement.

BERENGER

Non... non... Il nous a démontré le contraire, c'est-à-dire que les africains étaient asiatiques et que les asiatiques... je m'entends. Ce n'est pas ce que je voulais dire. Enfin, vous vous débrouillerez avec lui. C'est quelqu'un dans votre genre, quelqu'un de bien, un intellectuel subtil, érudit. (*Bruits grandissants des rhinocéros. Les paroles des deux personnages sont couvertes par les bruits des fauves qui passent sous les deux fenêtres ; pendant un court instant, on voit bouger les lèvres de Dudard et Bérenger, sans qu'on puisse les entendre.*) Encore eux ! Ah ! ça n'en finira pas ! (*Il court à la fenêtre du fond.*) Assez ! Assez ! Salauds !

> Les rhinocéros s'éloignent, Bérenger montre le poing dans leur direction.

DUDARD, assis

Je veux bien le connaître, votre Logicien. S'il veut m'éclairer sur ces points délicats, délicats et obscurs... Je ne demande pas mieux, ma foi.

BERENGER, tout en courant à la fenêtre face à la scène

Oui, je vous l'amènerai, il vous parlera. Vous verrez, c'est une personnalité distinguée. (*En direction des rhinocéros, à la fenêtre :*) Salauds !

> Même jeu que tout à l'heure.

DUDARD

Laissez-les courir. Et soyez plus poli. On ne parle pas de la sorte à des créatures...

BERENGER, toujours à la fenêtre

En revoilà ! (*De la fosse d'orchestre, sous la fenêtre, on voit émerger un canotier transpercé par une corne de rhinocéros qui, de gauche, disparaît très vite vers la droite.*) Un canotier empalé sur la corne du rhinocéros ! Ah ! c'est le canotier du Logicien ! le canotier du Logicien ! Mille fois merde, le Logicien est devenu rhinocéros !

DUDARD

Ce n'est pas une raison pour être grossier !

BERENGER

A qui se fier, mon Dieu, à qui se fier ! Le Logicien est rhinocéros !

DUDARD, allant vers la fenêtre

Où est-il ?

BERENGER, montrant du doigt

Là, celui-là, vous voyez !

DUDARD

C'est le seul rhinocéros à canotier. Cela vous laisse rêveur. C'est bien votre Logicien !...

BERENGER

Le Logicien... rhinocéros !

DUDARD

Il a tout de même conservé un vestige de son ancienne individualité !

BERENGER, il montre de nouveau le poing
en direction du rhinocéros à canotier
qui a disparu

Je ne vous suivrai pas ! je ne vous suivrai pas !

DUDARD

Si vous dites que c'était un penseur authenti-
que, il n'a pas dû se laisser emporter. Il a dû
bien peser le pour et le contre, avant de choisir.

BERENGER, toujours criant à la fenêtre
en direction de l'ex-Logicien et des autres
rhinocéros qui se sont éloignés

Je ne vous suivrai pas !

DUDARD, s'installant dans son fauteuil

Oui, cela donne à réfléchir !

Bérenger ferme la fenêtre en face, se
dirige vers la fenêtre du fond, par où
passent d'autres rhinocéros qui, vrai-
semblablement, font le tour de la maison. Il ouvre la fenêtre, leur crie.

BERENGER

Non, je ne vous suivrai pas !

DUDARD, à part dans son fauteuil

Ils tournent autour de la maison. Ils jouent !
De grands enfants ! (*Depuis quelques instants on
a pu voir Daisy monter les dernières marches de
l'escalier, à gauche. Elle frappe à la porte de
Bérenger. Elle porte un panier sous son bras.*)
On frappe, Bérenger, il y a quelqu'un !

Il tire par la manche Bérenger qui est
toujours à la fenêtre.

BERENGER, criant en direction des rhinocéros

C'est une honte ! une honte, votre mascarade.

DUDARD

On frappe à votre porte, Bérenger, vous n'entendez pas ?

BERENGER

Ouvrez, si vous voulez !

> Il continue de regarder les rhinocéros dont les bruits s'éloignent, sans plus rien dire. Dudard va ouvrir la porte.

DAISY, entrant

Bonjour, monsieur Dudard.

DUDARD

Tiens, vous, mademoiselle Daisy !

DAISY

Bérenger est là ? est-ce qu'il va mieux ?

DUDARD

Bonjour, chère Mademoiselle, vous venez donc bien souvent chez Bérenger ?

DAISY

Où est-il ?

DUDARD, le montrant du doigt

Là.

DAISY

Le pauvre, il n'a personne. Il est un peu malade aussi en ce moment, il faut bien l'aider un peu.

DUDARD

Vous êtes une bien bonne camarade, mademoiselle Daisy.

DAISY

Mais oui, je suis une bonne camarade, en effet.

DUDARD

Vous avez bon cœur.

DAISY

Je suis une bonne camarade, c'est tout.

BERENGER, se retournant ;
laissant la fenêtre ouverte

Oh ! chère mademoiselle Daisy ! Que c'est gentil
à vous d'être venue, comme vous êtes aimable.

DUDARD

On ne peut le nier.

BERENGER

Vous savez, mademoiselle Daisy, le Logicien est
rhinocéros !

DAISY

Je sais, je viens de l'apercevoir dans la rue, en
arrivant. Il courait bien vite, pour quelqu'un de
son âge ! Vous allez mieux, monsieur Bérenger ?

BERENGER, à Daisy

La tête, encore la tête ! mal à la tête ! C'est
effrayant. Qu'est-ce que vous en pensez ?

DAISY

Je pense que vous devez vous reposer... rester chez vous encore quelques jours, calmement.

DUDARD, à Bérenger et à Daisy

J'espère que je ne vous gêne pas !

BERENGER, à Daisy

Je parle du Logicien...

DAISY, à Dudard

Pourquoi nous gêneriez-vous ? (*A Bérenger.*) Ah ! le Logicien ? Je n'en pense rien du tout !

DUDARD, à Daisy

Je suis peut-être de trop ?

DAISY, à Bérenger

Que voulez-vous que j'en pense ! (*A Bérenger et à Dudard.*) J'ai une nouvelle fraîche à vous donner : Botard est devenu rhinocéros.

DUDARD

Tiens !

BERENGER

Ce n'est pas possible ! Il était contre. Vous devez confondre. Il avait protesté. Dudard vient de me le dire, à l'instant. N'est-ce pas, Dudard ?

DUDARD

C'est exact.

DAISY

Je sais qu'il était contre. Pourtant, il est devenu tout de même rhinocéros, vingt-quatre heures après la transformation de M. Papillon.

DUDARD

Voilà ! il a changé d'idée ! Tout le monde a le droit d'évoluer.

BERENGER

Mais alors, alors on peut s'attendre à tout !

DUDARD, à Bérenger

C'est un brave homme, d'après ce que vous affirmiez tout à l'heure.

BERENGER, à Daisy

J'ai du mal à vous croire. On vous a menti.

DAISY

Je l'ai vu faire.

BERENGER

Alors, c'est lui qui a menti, il a fait semblant.

DAISY

Il avait l'air sincère, la sincérité même.

BERENGER

A-t-il donné une raison ?

DAISY

Il a dit textuellement : il faut suivre son temps ! Ce furent ses dernières paroles humaines !

DUDARD, à Daisy

J'étais presque sûr que j'allais vous rencontrer ici, mademoiselle Daisy.

BERENGER

...Suivre son temps ! Quelle mentalité !

Il fait un grand geste.

DUDARD, à Daisy

Impossible de vous rencontrer nulle part ailleurs, depuis la fermeture du bureau.

BERENGER, continuant à part

Quelle naïveté !

Même geste.

DAISY, à Dudard

Si vous vouliez me voir, vous n'aviez qu'à me téléphoner !

DUDARD, à Daisy

...Oh ! je suis discret, discret, Mademoiselle, moi.

BERENGER

Eh bien, réflexion faite, le coup de tête de Botard ne m'étonne pas. Sa fermeté n'était qu'apparente. Ce qui ne l'empêche pas, bien sûr, d'être ou d'avoir été un brave homme. Les braves hommes font les braves rhinocéros. Hélas ! C'est parce qu'ils sont de bonne foi, on peut les duper.

DAISY

Permettez-moi de mettre ce panier sur la table.

Elle met le panier sur la table.

BERENGER

Mais c'était un brave homme qui avait des ressentiments...

DUDARD, à Daisy, s'empressant de l'aider à déposer son panier

Excusez-moi, excusez-nous, on aurait dû vous débarrasser plus tôt.

BERENGER, continuant

...Il a été déformé par la haine de ses chefs, un complexe d'infériorité...

DUDARD, à Bérenger

Votre raisonnement est faux, puisqu'il a suivi son chef justement, l'instrument même de ses exploitants, c'était son expression. Au contraire, chez lui, il me semble que c'est l'esprit communautaire qui l'a emporté sur ses impulsions anarchiques.

BERENGER

Ce sont les rhinocéros qui sont anarchiques puisqu'ils sont en minorité.

DUDARD

Ils le sont encore, pour le moment.

DAISY

C'est une minorité déjà nombreuse qui va croissant. Mon cousin est devenu rhinocéros, et sa femme. Sans compter les personnalités : le cardinal de Retz...

DUDARD

Un prélat !

DAISY

Mazarin.

DUDARD

Vous allez voir que ça va s'étendre dans d'autres pays.

BERENGER

Dire que le mal vient de chez nous !

DAISY

...Et des aristocrates : le duc de Saint-Simon.

BERENGER, bras au ciel

Nos classiques !

DAISY

Et d'autres encore. Beaucoup d'autres. Peut-être un quart des habitants de la ville.

BERENGER

Nous sommes encore les plus nombreux. Il faut en profiter. Il faut faire quelque chose avant d'être submergés.

DUDARD

Ils sont très efficaces, très efficaces.

DAISY

Pour le moment, on devrait déjeuner. J'ai apporté de quoi manger.

BERENGER

Vous êtes très gentille, mademoiselle Daisy.

DUDARD, à part

Oui, très gentille.

BERENGER, à Daisy

Je ne sais comment vous remercier.

DAISY, à Dudard

Voulez-vous rester avec nous ?

DUDARD

Je ne voudrais pas être importun.

DAISY, à Dudard

Que dites-vous là, monsieur Dudard ? Vous savez bien que vous nous feriez plaisir.

DUDARD

Vous savez bien que je ne veux pas gêner...

BERENGER, à Dudard

Mais bien sûr, Dudard, bien sûr. Votre présence est toujours un plaisir.

DUDARD

C'est que je suis un peu pressé. J'ai un rendez-vous.

BERENGER

Tout à l'heure, vous disiez que vous aviez tout votre temps.

DAISY, sortant les provisions du panier

Vous savez, j'ai eu du mal à trouver de quoi manger. Les magasins sont ravagés : ils dévorent tout. Une quantité d'autres boutiques sont fermées : « Pour cause de transformation », est-il écrit sur les écriteaux.

BERENGER

On devrait les parquer dans de vastes enclos, leur imposer des résidences surveillées.

DUDARD

La mise en pratique de ce projet ne me semble pas possible. La société protectrice des animaux serait la première à s'y opposer.

DAISY

D'autre part, chacun a parmi les rhinocéros un parent proche, un ami, ce qui complique encore les choses.

BERENGER

Tout le monde est dans le coup, alors !

DUDARD

Tout le monde est solidaire.

BERENGER

Mais comment peut-on être rhinocéros ? C'est impensable, impensable ! (*A Daisy.*) Voulez-vous que je vous aide à mettre la table ?

DAISY, à Bérenger

Ne vous dérangez pas. Je sais où sont les assiettes.

> Elle va chercher dans un placard, d'où elle rapportera les couverts.

DUDARD, à part

Oh ! mais elle connaît très bien la maison...

DAISY, à Dudard

Alors trois couverts, n'est-ce pas, vous restez avec nous ?

BERENGER, à Dudard

Restez, voyons, restez.

DAISY, à Bérenger

On s'y habitue, vous savez. Plus personne ne s'étonne des troupeaux de rhinocéros parcourant les rues à toute allure. Les gens s'écartent sur leur passage, puis reprennent leur promenade, vaquent à leurs affaires, comme si de rien n'était.

DUDARD

C'est ce qu'il y a de plus sage.

BERENGER

Ah non, moi, je ne peux pas m'y faire.

DUDARD, réfléchissant

Je me demande si ce n'est pas une expérience à tenter.

DAISY

Pour le moment, déjeunons.

BERENGER

Comment, vous, un juriste, vous pouvez prétendre que... (*On entend du dehors un grand bruit
d'un troupeau de rhinocéros, allant à une cadence
très rapide. On entend aussi des trompettes, des
tambours.*) Qu'est-ce que c'est ? (*Ils se précipitent
tous vers la fenêtre de face.*) Qu'est-ce que c'est ?
(*On entend le bruit d'un mur qui s'écroule. De la
poussière envahit une partie du plateau, les personnages, si cela est possible, sont cachés par
cette poussière. On les entend parler.*)

BERENGER

On ne voit plus rien, que se passe-t-il ?

DUDARD

On ne voit plus rien, mais on entend.

BERENGER

Ça ne suffit pas !

DAISY

La poussière va salir les assiettes.

BERENGER

Quel manque d'hygiène.

DAISY

Dépêchons-nous de manger. Ne pensons plus à
tout cela.

La poussière se disperse.

BERENGER, montrant du doigt dans la salle

Ils ont démoli les murs de la caserne des pompiers.

DUDARD

En effet, ils sont démolis.

> **DAISY**, qui s'était éloignée de la fenêtre et se trouvait près de la table, une assiette à la main qu'elle était en train de nettoyer, se précipite près des deux personnages

Ils sortent.

BERENGER

Tous les pompiers, tout un régiment de rhinocéros, tambours en tête.

DAISY

Ils se déversent sur les boulevards !

BERENGER

Ce n'est plus tenable, ce n'est plus tenable !

DAISY

D'autres rhinocéros sortent des cours !

BERENGER

Il en sort des maisons...

DUDARD

Par les fenêtres aussi !

DAISY

Ils vont rejoindre les autres.

> On voit sortir de la porte du palier, à gauche, un homme qui descend les escaliers à toute allure ; puis un autre homme, ayant une grande corne au-dessus du nez ; puis une femme ayant toute la tête d'un rhinocéros.

DUDARD

Nous n'avons déjà plus le nombre pour nous.

BERENGER

Combien y a-t-il d'unicornus, combien de bicornus parmi eux ?

DUDARD

Les statisticiens doivent certainement être en train de statistiquer là-dessus. Quelle occasion de savantes controverses !

BERENGER

Le pourcentage des uns et des autres doit être calculé tout à fait approximativement. Ça va trop vite. Ils n'ont plus le temps. Ils n'ont plus le temps de calculer !

DAISY

La chose la plus sensée est de laisser les statisticiens à leurs travaux. Allons, mon cher Bérenger, venez déjeuner. Cela vous calmera. Ça va vous remonter. (*A Dudard.*) Et vous aussi.

> Ils s'écartent de la fenêtre, Bérenger, dont Daisy a pris le bras, se laisse entraîner facilement. Dudard s'arrête à mi-chemin.

DUDARD

Je n'ai pas très faim, ou plutôt, je n'aime pas tellement les conserves. J'ai envie de manger sur l'herbe.

BERENGER

Ne faites pas ça. Savez-vous ce que vous risquez ?

DUDARD

Je ne veux pas vous gêner, vraiment.

BERENGER

Puisqu'on vous dit que...

DUDARD, interrompant Bérenger

C'est sans façon.

DAISY, à Dudard

Si vous voulez nous quitter absolument, écoutez, on ne peut vous obliger de...

DUDARD

Ce n'est pas pour vous vexer.

BERENGER, à Daisy

Ne le laissez pas partir, ne le laissez pas partir.

DAISY

Je voudrais bien qu'il reste... cependant, chacun
est libre.

BERENGER, à Dudard

L'homme est supérieur au rhinocéros !

DUDARD

Je ne dis pas le contraire. Je ne vous approuve
pas non plus. Je ne sais pas, c'est l'expérience qui
le prouve.

BERENGER, à Dudard

Vous aussi, vous êtes un faible, Dudard. C'est
un engouement passager, que vous regretterez.

DAISY

Si, vraiment, c'est un engouement passager, le danger n'est pas grave.

DUDARD

J'ai des scrupules ! Mon devoir m'impose de suivre mes chefs et mes camarades, pour le meilleur et pour le pire.

BERENGER

Vous n'êtes pas marié avec eux.

DUDARD

J'ai renoncé au mariage, je préfère la grande famille universelle à la petite.

DAISY, mollement

Nous vous regretterons beaucoup, Dudard, mais nous n'y pouvons rien.

DUDARD

Mon devoir est de ne pas les abandonner, j'écoute mon devoir.

BERENGER

Au contraire, votre devoir est de... vous ne connaissez pas votre devoir véritable... votre devoir est de vous opposer à eux, lucidement, fermement.

DUDARD

Je conserverai ma lucidité. (*Il se met à tourner en rond sur le plateau.*) Toute ma lucidité.

S'il y a à critiquer, il vaut mieux critiquer du dedans que du dehors. Je ne les abandonnerai pas, je ne les abandonnerai pas.

DAISY

Il a bon cœur !

BERENGER

Il a trop bon cœur. (*A Dudard, puis se précipitant vers la porte.*) Vous avez trop bon cœur, vous êtes humain. (*A Daisy.*) Retenez-le. Il se trompe. Il est humain.

DAISY

Que puis-je y faire ?

> Dudard ouvre la porte et s'enfuit ; on le voit descendre les escaliers à toute vitesse, suivi par Bérenger qui crie après Dudard, du haut du palier.

BERENGER

Revenez, Dudard. On vous aime bien, n'y allez pas ! Trop tard ! (*Il rentre.*) Trop tard !

DAISY

On n'y pouvait rien.

> Elle ferme la porte derrière Bérenger, qui se précipite vers la fenêtre d'en face.

BERENGER

Il les a rejoints, où est-il maintenant ?

DAISY, venant de la fenêtre

Avec eux.

BERENGER

Lequel est-ce ?

DAISY

On ne peut plus savoir. On ne peut déjà plus le reconnaître !

BERENGER

Ils sont tous pareils, tous pareils ! (*A Daisy.*) Il a flanché. Vous auriez dû le retenir de force.

DAISY

Je n'ai pas osé.

BERENGER

Vous auriez dû être plus ferme, vous auriez dû insister, il vous aimait, n'est-ce pas ?

DAISY

Il ne m'a jamais fait de déclaration officielle.

BERENGER

Tout le monde le savait. C'est par dépit amoureux qu'il a fait cela. C'était un timide ! Il a voulu faire une action d'éclat, pour vous impressionner. N'êtes-vous pas tentée de le suivre ?

DAISY

Pas du tout. Puisque je suis là.

BERENGER, regardant par la fenêtre

Il n'y a plus qu'eux, dans les rues. (*Il se précipite vers la fenêtre du fond.*) Il n'y a plus qu'eux ! Vous avez eu tort, Daisy. (*Il regarde de*

nouveau par la fenêtre de face.) A perte de vue,
pas un être humain. Ils ont la rue. Des unicornes,
des bicornus, moitié moitié, pas d'autres signes
distinctifs ! *(On entend les bruits puissants de la
course des rhinocéros. Ces bruits sont musicali-
sés cependant. On voit apparaître, puis disparaître
sur le mur du fond, des têtes de rhinocéros styli-
sées qui, jusqu'à la fin de l'acte, seront de plus
en plus nombreuses. A la fin, elles s'y fixeront de
plus en plus longtemps puis, finalement, remplis-
sant le mur du fond, s'y fixeront définitivement.
Ces têtes devront être de plus en plus belles malgré leur monstruosité.)* Vous n'êtes pas déçue,
Daisy ? n'est-ce pas ? Vous ne regrettez rien ?

DAISY

Oh ! non, non.

BERENGER

Je voudrais tellement vous consoler. Je vous
aime, Daisy, ne me quittez plus.

DAISY

Ferme la fenêtre, chéri. Ils font trop de bruit.
Et la poussière monte jusqu'ici. Ça va tout salir.

BERENGER

Oui, oui. Tu as raison. *(Il ferme la fenêtre de
face, Daisy celle du fond. Ils se rejoignent au
milieu du plateau.)* Tant que nous sommes ensemble, je ne crains rien, tout m'est égal. Ah ! Daisy,
je croyais que je n'allais plus jamais pouvoir
devenir amoureux d'une femme.

Il lui serre les mains, les bras.

DAISY

Tu vois, tout est possible.

BERENGER

Comme je voudrais te rendre heureuse ! Peux-tu l'être avec moi ?

DAISY

Pourquoi pas ? Si tu l'es, je le suis. Tu dis que tu ne crains rien, et tu as peur de tout ! Que peut-il nous arriver ?

BERENGER, balbutiant

Mon amour, ma joie ! ma joie, mon amour... donne-moi tes lèvres, je ne me croyais plus capable de tant de passion !

DAISY

Sois plus calme, sois plus sûr de toi, maintenant.

BERENGER

Je le suis, donne-moi tes lèvres.

DAISY

Je suis très fatiguée, mon chéri. Calme-toi, repose-toi. Installe-toi dans le fauteuil.

> Bérenger va s'installer dans le fauteuil, conduit par Daisy.

BERENGER

Ce n'était pas la peine, dans ce cas, que Dudard se soit querellé avec Botard.

DAISY

Ne pense plus à Dudard. Je suis près de toi.
Nous n'avons pas le droit de nous mêler de la
vie des gens.

BERENGER

Tu te mêles bien de la mienne. Tu sais être
ferme avec moi.

DAISY

Ça n'est pas la même chose, je n'ai jamais aimé
Dudard.

BERENGER

Je te comprends. S'il était resté là, il aurait été
tout le temps un obstacle entre nous. Eh oui, le
bonheur est égoïste.

DAISY

Il faut défendre son bonheur. N'ai-je pas raison ?

BERENGER

Je t'adore, Daisy. Je t'admire.

DAISY

Quand tu me connaîtras mieux, tu ne me le
diras plus peut-être.

BERENGER

Tu gagnes à être connue, et tu es si belle, tu
es si belle. (*On entend de nouveau un passage de
rhinocéros.*) ...Surtout quand on te compare à
ceux-ci... (*Il montre de la main la direction de*

la fenêtre.) Tu vas me dire que ce n'est pas un compliment, mais ils font encore mieux ressortir ta beauté...

DAISY

Tu as été bien sage, aujourd'hui ? Tu n'as pas pris de cognac ?

BERENGER

Oui, oui, j'ai été sage.

DAISY

C'est bien vrai ?

BERENGER

Ah ça oui, je t'assure.

DAISY

Dois-je te croire ?

BERENGER, un peu confus

Oh ! oui, crois-moi, oui.

DAISY

Alors, tu peux en prendre un petit verre. Ça va te remonter. (*Bérenger veut se précipiter*.) Reste assis, mon chéri. Où est la bouteille ?

BERENGER, indiquant l'endroit

Là, sur la petite table.

DAISY, se dirigeant vers la petite table d'où elle prendra le verre et la bouteille

Tu l'as bien cachée.

BERENGER

C'est pour ne pas être tenté d'y toucher.

DAISY, après avoir versé un petit verre
à Bérenger, elle le lui tend

Tu es vraiment bien sage. Tu fais des progrès.

BERENGER

Avec toi, j'en ferai encore davantage.

DAISY, tendant le verre

Tiens, c'est ta récompense.

BERENGER, boit le verre d'un trait

Merci.

Il tend de nouveau son verre.

DAISY

Ah ! non, mon chéri. Ça suffit pour ce matin.
(*Elle prend le verre de Bérenger, va le porter
avec la bouteille sur la petite table.*) Je ne veux
pas que ça te fasse du mal. (*Elle revient vers
Bérenger.*) Et la tête, comment va-t-elle ?

BERENGER

Beaucoup mieux, mon amour.

DAISY

Alors, nous allons enlever ce pansement. Ça ne
te va pas très bien.

BERENGER

Ah ! non, n'y touche pas.

DAISY

Mais si, on va l'enlever.

BERENGER

J'ai peur qu'il n'y ait quelque chose dessous.

DAISY, enlevant le pansement, malgré
l'opposition de Bérenger

Toujours tes peurs, tes idées noires. Tu vois, il
n'y a rien. Ton front est lisse.

BERENGER, se tâtant le front

C'est vrai, tu me libères de mes complexes.
(*Daisy embrasse Bérenger sur le front.*) Que de-
viendrais-je sans toi ?

DAISY

Je ne te laisserai plus jamais seul.

BERENGER

Avec toi, je n'aurai plus d'angoisses.

DAISY

Je saurai les écarter.

BERENGER

Nous lirons des livres ensemble. Je deviendrai
érudit.

DAISY

Et surtout, aux heures où il y a moins d'af-
fluence, nous ferons de longues promenades.

BERENGER

Oui, sur les bords de la Seine, au Luxembourg...

DAISY

Au jardin zoologique.

BERENGER

Je serai fort et courageux. Je te défendrai, moi
aussi, contre tous les méchants.

DAISY

Tu n'auras pas à me défendre, va. Nous ne
voulons de mal à personne. Personne ne nous veut
du mal, chéri.

BERENGER

Parfois, on fait du mal sans le vouloir. Ou bien,
on le laisse se répandre. Tu vois, tu n'aimais
pas non plus ce pauvre M. Papillon. Mais tu
n'aurais peut-être pas dû lui dire, si crûment, le
jour de l'apparition de Bœuf en rhinocéros, qu'il
avait les paumes des mains rugueuses.

DAISY

C'était vrai. Il les avait.

BERENGER

Bien sûr, chérie. Pourtant, tu aurais pu lui faire
remarquer cela avec moins de brutalité, avec plus
de ménagement. Il en a été impressionné.

DAISY

Tu crois ?

BERENGER

Il ne l'a pas fait voir, car il a de l'amour-propre. Il a certainement été touché en profondeur. C'est cela qui a dû précipiter sa décision. Peut-être aurais-tu sauvé une âme !

DAISY

Je ne pouvais pas prévoir ce qui allait lui arriver... Il a été mal élevé.

BERENGER

Moi, pour ma part, je me reprocherai toujours de ne pas avoir été plus doux avec Jean. Je n'ai jamais pu lui prouver, de façon éclatante, toute l'amitié que j'avais pour lui. Et je n'ai pas été assez compréhensif avec lui.

DAISY

Ne te tracasse pas. Tu as tout de même fait de ton mieux. On ne peut faire l'impossible. A quoi bon les remords ? Ne pense donc plus à tous ces gens-là. Oublie-les. Laisse les mauvais souvenirs de côté.

BERENGER

Ils se font entendre ces souvenirs, ils se font voir. Ils sont réels.

DAISY

Je ne te croyais pas si réaliste, je te croyais plus poétique. Tu n'as donc pas d'imagination ? Il y a plusieurs réalités ! Choisis celle qui te convient. Evade-toi dans l'imaginaire.

BERENGER

Facile à dire !

DAISY

Est-ce que je ne te suffis pas ?

BERENGER

Oh si, amplement, amplement !

DAISY

Tu vas tout gâcher avec tes cas de conscience !
Nous avons tous des fautes, peut-être. Pourtant,
toi et moi, nous en avons moins que tant d'autres.

BERENGER

Tu crois vraiment ?

DAISY

Nous sommes relativement meilleurs que la
plupart des gens. Nous sommes bons, tous les
deux.

BERENGER

C'est vrai, tu es bonne et je suis bon. C'est vrai.

DAISY

Alors, nous avons le droit de vivre. Nous avons
même le devoir, vis-à-vis de nous-mêmes, d'être
heureux, indépendamment de tout. La culpabilité est un symptôme dangereux. C'est un signe
de manque de pureté.

BERENGER

Ah ! oui, cela peut mener à ça... (*Il montre du
doigt en direction des fenêtres sous lesquelles
passent des rhinocéros, du mur du fond où apparaît une tête de rhinocéros*)... Beaucoup d'entre
eux ont commencé comme ça !

DAISY

Essayons de ne plus nous sentir coupables.

BERENGER

Comme tu as raison, ma joie, ma déesse, mon
soleil... Je suis avec toi, n'est-ce pas ? Personne
ne peut nous séparer. Il y a notre amour, il n'y a
que cela de vrai. Personne n'a le droit et personne ne peut nous empêcher d'être heureux,
n'est-ce pas ? (*On entend la sonnerie du téléphone.*) Qui peut nous appeler ?

DAISY, appréhensive

Ne réponds pas !...

BERENGER

Pourquoi ?

DAISY

Je ne sais pas. Cela vaut peut-être mieux.

BERENGER

C'est peut-être M. Papillon ou Botard, ou Jean,
ou Dudard qui veulent nous annoncer qu'ils sont
revenus sur leur décision. Puisque tu disais que
ce n'était, de leur part, qu'un engouement passager !

DAISY

Je ne crois pas. Ils n'ont pas pu changer d'avis
si vite. Ils n'ont pas eu le temps de réfléchir. Ils
iront jusqu'au bout de leur expérience.

BERENGER

Ce sont peut-être les autorités qui réagissent et
qui nous demandent de les aider dans les mesu-
res qu'ils vont prendre.

DAISY

Cela m'étonnerait.

> Nouvelle sonnerie du téléphone.

BERENGER

Mais si, mais si, c'est la sonnerie des autorités, je la reconnais. Une sonnerie longue ! Je dois répondre à leur appel. Ça ne peut plus être personne d'autre. (*Il décroche l'appareil.*) Allô ? (*Pour toute réponse, des barrissements se font entendre venant de l'écouteur.*) Tu entends ? Des barrissements ! Ecoute !

> Daisy met le récepteur à l'oreille, a un recul, raccroche précipitamment l'appareil.

DAISY, effrayée

Que peut-il bien se passer !

BERENGER

Ils nous font des farces maintenant !

DAISY

Des farces de mauvais goût.

BERENGER

Tu vois, je te l'avais bien dit !

DAISY

Tu ne m'as rien dit !

BERENGER

Je m'y attendais, j'avais prévu.

DAISY

Tu n'avais rien prévu du tout. Tu ne prévois jamais rien. Tu ne prévois les événements que lorsqu'ils sont déjà arrivés.

BERENGER

Oh ! si, je prévois, je prévois.

DAISY

Ils ne sont pas gentils. C'est méchant. Je n'aime pas qu'on se moque de moi.

BERENGER

Ils n'oseraient pas se moquer de toi. C'est de moi qu'ils se moquent.

DAISY

Et comme je suis avec toi, bien entendu, j'en prends ma part. Ils se vengent. Mais qu'est-ce qu'on leur a fait ? (*Nouvelle sonnerie du téléphone.*) Enlève les plombs.

BERENGER

Les P.T.T. ne permettent pas !

DAISY

Ah ! tu n'oses rien, et tu prends ma défense !

Daisy enlève les plombs, la sonnerie cesse.

BERENGER, se précipitant vers le poste de T.S.F.

Faisons marcher le poste, pour connaître les nouvelles.

DAISY

Oui, il faut savoir où nous en sommes ! (*Des barrissements partent du poste. Bérenger tourne vivement le bouton. Le poste s'arrête. On entend cependant encore, dans le lointain, comme des échos de barrissements.*) Ça devient vraiment sérieux ! Je n'aime pas cela, je n'admets pas !

Elle tremble.

BERENGER, très agité

Du calme ! du calme !

DAISY

Ils ont occupé les installations de la radio !

BERENGER, tremblant et agité

Du calme ! du calme ! du calme !

Daisy court vers la fenêtre du fond, regarde, puis vers la fenêtre de face et regarde ; Bérenger fait la même chose en sens inverse, puis tous deux se retrouvent au milieu du plateau, l'un en face de l'autre.

DAISY

Ça n'est plus du tout de la plaisanterie. Ils se sont vraiment pris au sérieux !

BERENGER

Il n'y a plus qu'eux, il n'y a plus qu'eux. Les autorités sont passées de leur côté.

Même jeu que tout à l'heure de Daisy et Bérenger vers les deux fenêtres, puis les deux personnages se rejoi- gnent de nouveau au milieu du pla- teau.

DAISY

Il n'y a plus personne nulle part.

BERENGER

Nous sommes seuls, nous sommes restés seuls.

DAISY

C'est bien ce que tu voulais.

BERENGER

C'est toi qui le voulais !

DAISY

C'est toi.

BERENGER

Toi !

> Les bruits s'entendent de partout. Les têtes de rhinocéros remplissent le mur du fond. De droite, et de gauche, dans la maison on entend des pas précipités, des souffles bruyants de fauves. Tous ces bruits effrayants sont cependant rythmés, musicalisés. C'est aussi et surtout d'en haut que viennent les plus forts, les bruits des piétinements. Du plâtre tombe du plafond. La maison s'ébranle violemment.

DAISY

La terre tremble !

> Elle ne sait où courir.

BERENGER

Non, ce sont nos voisins, les Périssodactyles !
(*Il montre le poing, à droite, à gauche, partout.*)

Arrêtez donc ! Vous nous empêchez de travailler !
Les bruits sont défendus ! Défendu de faire du
bruit.

DAISY

Ils ne t'écouteront pas !

> Cependant, les bruits diminuent et ne
> constituent plus qu'une sorte de fond
> sonore et musical.

BERENGER, effrayé, lui aussi

N'aie pas peur, mon amour. Nous sommes
ensemble, n'es-tu pas bien avec moi ? Est-ce que
je ne te suffis pas ? J'écarterai de toi toutes les
angoisses.

DAISY

C'est peut-être notre faute.

BERENGER

N'y pense plus. Il ne faut pas avoir de remords.
Le sentiment de la culpabilité est dangereux.
Vivons notre vie, soyons heureux. Nous avons le
devoir d'être heureux. Ils ne sont pas méchants,
on ne leur fait pas de mal. Ils nous laisseront
tranquilles. Calme-toi, repose-toi. Installe-toi dans
le fauteuil. (*Il la conduit jusqu'au fauteuil.*) Calme-toi ! (*Daisy s'installe dans le fauteuil.*) Veux-
tu un verre de cognac, pour te remonter ?

DAISY

J'ai mal à la tête.

BERENGER, prenant le pansement de tout
à l'heure et bandageant la tête de Daisy

Je t'aime, mon amour. Ne t'en fais pas, ça leur
passera. Un engouement passager.

DAISY

Ça ne leur passera pas. C'est définitif.

BERENGER

Je t'aime, je t'aime follement.

DAISY, enlevant son bandage

Advienne que pourra. Que veux-tu qu'on y fasse ?

BERENGER

Ils sont tous devenus fous. Le monde est malade. Ils sont tous malades.

DAISY

Ça n'est pas nous qui les guérirons.

BERENGER

Comment vivre dans la maison, avec eux ?

DAISY, se calmant

Il faut être raisonnable. Il faut trouver un *modus vivendi*, il faut tâcher de s'entendre avec.

BERENGER

Ils ne peuvent pas nous entendre.

DAISY

Il le faut pourtant. Pas d'autre solution.

BERENGER

Tu les comprends, toi ?

DAISY

Pas encore. Mais nous devrions essayer de comprendre leur psychologie, d'apprendre leur langage.

BERENGER

Ils n'ont pas de langage ! Ecoute... tu appelles ça un langage ?

DAISY

Qu'est-ce que tu en sais ? Tu n'es pas poly-glotte !

BERENGER

Nous en parlerons plus tard. Il faut déjeuner d'abord.

DAISY

Je n'ai plus faim. C'est trop. Je ne peux plus résister.

BERENGER

Mais tu es plus forte que moi. Tu ne vas pas te laisser impressionner. C'est pour ta vaillance que je t'admire.

DAISY

Tu me l'as déjà dit.

BERENGER

Tu es sûre de mon amour ?

DAISY

Mais oui.

BERENGER

Je t'aime.

DAISY

Tu te répètes, mon chou.

BERENGER

Ecoute, Daisy, nous pouvons faire quelque chose. Nous aurons des enfants, nos enfants en auront d'autres, cela mettra du temps, mais à nous deux nous pourrons régénérer l'humanité.

DAISY

Régénérer l'humanité ?

BERENGER

Cela s'est déjà fait.

DAISY

Dans le temps. Adam et Eve... Ils avaient beaucoup de courage.

BERENGER

Nous aussi, nous pouvons avoir du courage. Il n'en faut pas tellement d'ailleurs. Cela se fait tout seul, avec du temps, de la patience.

DAISY

A quoi bon ?

BERENGER

Si, si, un peu de courage, un tout petit peu.

DAISY

Je ne veux pas avoir d'enfants. Ça m'ennuie.

BERENGER

Comment veux-tu sauver le monde alors ?

DAISY

Pourquoi le sauver ?

BERENGER

Quelle question !... Fais ça pour moi, Daisy.
Sauvons le monde.

DAISY

Après tout, c'est peut-être nous qui avons
besoin d'être sauvés. C'est nous, peut-être, les
anormaux.

BERENGER

Tu divagues, Daisy, tu as de la fièvre.

DAISY

En vois-tu d'autres de notre espèce ?

BERENGER

Daisy, je ne veux pas t'entendre dire cela !

> Daisy regarde de tous les côtés, vers
> tous les rhinocéros dont on voit les
> têtes sur les murs, à la porte du
> palier, et aussi apparaissant sur le
> bord de la rampe.

DAISY

C'est ça, les gens. Ils ont l'air gais. Ils se sentent
bien dans leur peau. Ils n'ont pas l'air d'être fous.
Ils sont très naturels. Ils ont eu des raisons.

BERENGER, joignant les mains et regardant
Daisy désespérément

C'est nous qui avons raison, Daisy, je t'assure.

DAISY

Quelle prétention !...

BERENGER

Tu sais bien que j'ai raison.

DAISY

Il n'y a pas de raison absolue. C'est le monde
qui a raison, ce n'est pas toi, ni moi.

BERENGER

Si, Daisy, j'ai raison. La preuve, c'est que tu
me comprends quand je te parle.

DAISY

Ça ne prouve rien.

BERENGER

La preuve, c'est que je t'aime autant qu'un
homme puisse aimer une femme.

DAISY

Drôle d'argument !

BERENGER

Je ne te comprends plus, Daisy. Ma chérie, tu
ne sais plus ce que tu dis ! L'amour ! l'amour,
voyons, l'amour...

DAISY

J'en ai un peu honte, de ce que tu appelles l'amour, ce sentiment morbide, cette faiblesse de l'homme. Et de la femme. Cela ne peut se comparer avec l'ardeur, l'énergie extraordinaire que dégagent tous ces êtres qui nous entourent.

BERENGER

De l'énergie ? Tu veux de l'énergie ? Tiens, en voilà de l'énergie !

> Il lui donne une gifle.

DAISY

Oh ! Jamais je n'aurais cru...

> Elle s'effondre dans le fauteuil.

BERENGER

Oh ! pardonne-moi, ma chérie, pardonne-moi ! (*Il veut l'embrasser, elle se dégage.*) Pardonne-moi, ma chérie. Je n'ai pas voulu. Je ne sais pas ce qui m'est arrivé, comment ai-je pu me laisser emporter !

DAISY

C'est parce que tu n'as plus d'arguments ; c'est simple.

BERENGER

Hélas ! En quelques minutes, nous avons donc vécu vingt-cinq années de mariage.

DAISY

J'ai pitié de toi aussi, je te comprends.

BERENGER, tandis que Daisy pleure

Eh bien, je n'ai plus d'arguments sans doute.
Tu les crois plus forts que moi, plus forts que
nous, peut-être.

DAISY

Sûrement.

BERENGER

Eh bien, malgré tout, je te le jure, je n'abdiquerai pas, moi, je n'abdiquerai pas.

DAISY, elle se lève, va vers Bérenger, entoure
son cou de ses bras

Mon pauvre chéri, je résisterai avec toi, jusqu'au bout.

BERENGER

Le pourras-tu ?

DAISY

Je tiendrai parole. Aie confiance. (*Bruits devenus mélodieux des rhinocéros.*) Ils chantent, tu
entends ?

BERENGER

Ils ne chantent pas, ils barrissent.

DAISY

Ils chantent.

BERENGER

Ils barrissent, je te dis.

DAISY

Tu es fou, ils chantent.

BERENGER

Tu n'as pas l'oreille musicale, alors !

DAISY

Tu n'y connais rien en musique, mon pauvre ami, et puis, regarde, ils jouent, ils dansent.

BERENGER

Tu appelles ça de la danse ?

DAISY

C'est leur façon. Ils sont beaux.

BERENGER

Ils sont ignobles !

DAISY

Je ne veux pas qu'on en dise du mal. Ça me fait de la peine.

BERENGER

Excuse-moi. Nous n'allons pas nous chamailler à cause d'eux.

DAISY

Ce sont des dieux.

BERENGER

Tu exagères, Daisy, regarde-les bien.

DAISY

Ne sois pas jaloux, mon chéri. Pardonne-moi aussi.

> Elle se dirige de nouveau vers Béren-
> ger, veut l'entourer de ses bras. C'est
> Bérenger maintenant qui se dégage.

BERENGER

Je constate que nos opinions sont tout à fait
opposées. Il vaut mieux ne plus discuter.

DAISY

Ne sois pas mesquin, voyons.

BERENGER

Ne sois pas sotte.

DAISY, à Bérenger, qui lui tourne le dos.
Il se regarde dans la glace, se dévisage

La vie en commun n'est plus possible.

> Tandis que Bérenger continue à se re-
> garder dans la glace, elle se dirige
> doucement vers la porte en disant :
> « Il n'est pas gentil, vraiment, il n'est
> pas gentil. ». Elle sort, on la voit des-
> cendre lentement le haut de l'escalier.

BERENGER, se regardant toujours dans la glace

Ce n'est tout de même pas si vilain que ça un
homme. Et pourtant, je ne suis pas parmi les
plus beaux ! Crois-moi, Daisy ! (*Il se retourne.*)
Daisy ! Daisy ! Où es-tu, Daisy ? Tu ne vas pas
faire ça ! (*Il se précipite vers la porte.*) Daisy !
(*Arrivé sur le palier, il se penche sur la balustra-
de.*) Daisy ! remonte ! reviens, ma petite Daisy !
Tu n'as même pas déjeuné ! Daisy, ne me laisse
pas tout seul ! Qu'est-ce que tu m'avais promis !
Daisy ! Daisy ! (*Il renonce à l'appeler, fait un geste
désespéré et rentre dans sa chambre.*) Evidemment. On ne s'entendait plus. Un ménage désuni.
Ce n'était plus viable. Mais elle n'aurait pas dû
me quitter sans s'expliquer. (*Il regarde partout.*)

Elle ne m'a pas laissé un mot. Ça ne se fait pas.
Je suis tout à fait seul maintenant. (*Il va fermer
la porte à clé, soigneusement, mais avec colère.*)
On ne m'aura pas, moi. (*Il ferme soigneusement
les fenêtres.*) Vous ne m'aurez pas, moi. (*Il
s'adresse à toutes les têtes de rhinocéros.*) Je ne
vous suivrai pas, je ne vous comprends pas ! Je
reste ce que je suis. Je suis un être humain.
Un être humain. (*Il va s'asseoir dans le fauteuil.*) La situation est absolument intenable.
C'est ma faute, si elle est partie. J'étais tout
pour elle. Qu'est-ce qu'elle va devenir ? Encore
quelqu'un sur la conscience. J'imagine le pire, le
pire est possible. Pauvre enfant abandonnée dans
cet univers de monstres ! Personne ne peut m'aider à la retrouver, personne, car il n'y a plus
personne. (*Nouveaux barrissements, courses éper-
dues, nuages de poussière.*) Je ne veux pas les
entendre. Je vais mettre du coton dans les oreilles.
(*Il se met du coton dans les oreilles et se parle
à lui-même dans la glace.*) Il n'y a pas d'autre solution que de les convaincre, les convaincre, de
quoi ? Et les mutations sont-elles réversibles ?
Hein, sont-elles réversibles ? Ce serait un travail
d'Hercule, au-dessus de mes forces. D'abord, pour
les convaincre, il faut leur parler. Pour leur parler, il faut que j'apprenne leur langue. Ou qu'ils
apprennent la mienne ? Mais quelle langue est-ce
que je parle ? Quelle est ma langue ? Est-ce du
français, ça ? Ce doit bien être du français ? Mais
qu'est-ce que du français ? On peut appeler ça du
français, si on veut, personne ne peut le contes-
ter, je suis seul à le parler. Qu'est-ce que je dis ?
Est-ce que je me comprends, est-ce que je me
comprends ? (*Il va vers le milieu de la chambre.*)
Et si, comme me l'avait dit Daisy, si c'est eux qui
ont raison ? (*Il retourne vers la glace.*) Un homme n'est pas laid, un homme n'est pas laid ! (*Il

se regarde en passant la main sur sa figure.)
Quelle drôle de chose ! A quoi je ressemble alors ?
A quoi ? (*Il se précipite vers un placard, en sort
des photos, qu'il regarde.*) Des photos ! Qui sont-
ils tous ces gens-là ? M. Papillon, ou Daisy plutôt ? Et celui-là, est-ce Botard ou Dudard, ou
Jean ? ou moi, peut-être ! (*Il se précipite de nouveau vers le placard d'où il sort deux ou trois
tableaux.*) Oui, je me reconnais ; c'est moi, c'est
moi ! (*Il va raccrocher les tableaux sur le mur
du fond, à côté des têtes des rhinocéros.*) C'est
moi, c'est moi. (*Lorsqu'il accroche les tableaux,
on s'aperçoit que ceux-ci représentent un vieil-
lard, une grosse femme, un autre homme. La
laideur de ces portraits contraste avec les têtes
des rhinocéros qui sont devenues très belles.
Bérenger s'écarte pour contempler les tableaux.*)
Je ne suis pas beau, je ne suis pas beau. (*Il
décroche les tableaux, les jette par terre avec
fureur, il va vers la glace.*) Ce sont eux qui sont
beaux. J'ai eu tort ! Oh ! comme je voudrais être
comme eux. Je n'ai pas de corne, hélas ! Que
c'est laid, un front plat. Il m'en faudrait une ou
deux, pour rehausser mes traits tombants. Ça
viendra peut-être, et je n'aurai plus honte, je
pourrai aller tous les retrouver. Mais ça ne pousse
pas ! (*Il regarde les paumes de ses mains.*) Mes
mains sont moites. Deviendront-elles rugueuses ?
(*Il enlève son veston, défait sa chemise, contem-
ple sa poitrine dans la glace.*) J'ai la peau flasque.
Ah, ce corps trop blanc, et poilu ! Comme je voudrais avoir une peau dure et cette magnifique
couleur d'un vert sombre, une nudité décente,
sans poils, comme la leur ! (*Il écoute les barrissements.*) Leurs chants ont du charme, un peu
âpre, mais un charme certain ! Si je pouvais faire
comme eux. (*Il essaye de les imiter.*) Ahh, Ahh,
Brr ! Non, ça n'est pas ça ! Essayons encore, plus

fort ! Ahh, Ahh, Brr ! non, non, ce n'est pas ça,
que c'est faible, comme cela manque de vigueur !
Je n'arrive pas à barrir. Je hurle seulement. Ahh,
Ahh, Brr ! Les hurlements ne sont pas des barrissements ! Comme j'ai mauvaise conscience,
j'aurais dû les suivre à temps. Trop tard maintenant ! Hélas, je suis un monstre, je suis un
monstre. Hélas, jamais je ne deviendrai rhinocéros, jamais, jamais ! Je ne peux plus changer.
Je voudrais bien, je voudrais tellement, mais je
ne peux pas. Je ne peux plus me voir. J'ai trop
honte ! (*Il tourne le dos à la glace.*) Comme je
suis laid ! Malheur à celui qui veut conserver son
originalité ! (*Il a un brusque sursaut.*) Eh bien
tant pis ! Je me défendrai contre tout le monde !
Ma carabine, ma carabine ! (*Il se retourne face
au mur du fond où sont fixées les têtes des rhinocéros, tout en criant :*) Contre tout le monde, je
me défendrai ! Je suis le dernier homme, je le
resterai jusqu'au bout ! Je ne capitule pas !

Rideau

TABLE

IMPRIMÉ EN FRANCE PAR BRODARD ET TAUPIN
6, place d'Alleray - Paris.
Usine de La Flèche, le 06-03-1970.
1243-5 - Dépôt légal n° 9146, 1er trimestre 1970.
LE LIVRE DE POCHE - 6, avenue Pierre 1er de Serbie - Paris.
30 - 11 - 2620 - 02

Le Livre de Poche classique

**s textes
ntégraux
t fidèles**

Conçues pour le grand public comme pour l'étudiant et le lettré, nos éditions sont établies par les spécialistes les plus qualifiés et font état des derniers travaux de la critique. C'est donc un texte sûr que nous vous offrons, tantôt dans une leçon originale, tantôt reprise des collections les plus prestigieuses : la Pléiade, ou Guillaume Budé.

**la portée
de tous**

Nos éditions sont enrichies d'une préface originale d'un écrivain célèbre, de notices, de notes et d'une biographie de l'auteur.

Le Livre de Poche
classique relié

**es textes
ntégraux
et fidèles**

Conçues pour le grand public comme pour l'étudiant et le lettré, nos éditions sont établies par les spécialistes les plus qualifiés et font état des derniers travaux de la critique. C'est donc un texte sûr que nous vous offrons, tantôt dans une leçon originale, tantôt reprise des collections les plus prestigieuses : la Pléiade, ou Guillaume Budé.

**la portée
de tous**

Nos éditions sont enrichies d'une préface originale d'un écrivain célèbre, de notices, de notes et d'une biographie de l'auteur.

**dans une
reliure
élégante
robuste**

Tiré sur papier de qualité, chaque ouvrage est relié en pleine toile rouge avec titres à l'or et présenté sous jaquette rodhoïd.

Akutagawa.
  Rashomon et Autres Contes (D).
Aristophane.
  Comédies (t. 1), (D).
Balzac.
  Les Chouans (D).
  Le Colonel Chabert (S).
  Le Cousin Pons (D).
  La Cousine Bette (D).
  La Duchesse de Langeais suivi de
  La Fille aux Yeux d'or (S).
  Le Père Goriot (D).
  La Rabouilleuse (D).
  Une Ténébreuse Affaire (S).
  La Vieille Fille suivi de *Le Cabinet
  des Antiques* (D).
  Eugénie Grandet (S).
  Le Lys dans la Vallée (D).
  Le Curé de village (D).
  César Birotteau suivi de *La
  Maison Nucingen* (D).
  Béatrix (D).
  La Peau de Chagrin (D).
  Le Médecin de campagne (D).
  Pierrette suivi de *Le Curé de
  Tours* (D).
  La Recherche de l'Absolu suivi de
  La Messe de l'Athée (D).
  La Femme de trente ans (D).
  Modeste Mignon (D).
  Honorine suivi de *Albert Savarus* et
  de *La Fausse Maîtresse* (D). *Louis
  Lambert* suivi de *Jésus-Christ en
  Flandre* et de *Les Proscrits* (D).

  Les Paysans (D).
  Ursule Mirouët (D).
  Gobseck suivi de *Maître Cornélius*
  et de *Facino Cane* (S).
  Mémoires de deux jeunes mariées
  (D).
Barbey d'Aurevilly.
  Le Chevalier des Touches (S).
  Une vieille maîtresse (D).
Baudelaire.
  Les Fleurs du Mal (S).
  Le Spleen de Paris (S).
  Les Paradis artificiels (S)
Beaumarchais.
  Théâtre (D).
Casanova.
  Mémoires (t. 1), (D).
  Mémoires (t. 2), (D).
  Mémoires (t. 3), (D).
  Mémoires (t. 4), (D).
Choderlos de Laclos.
  Les Liaisons dangereuses (D).
Constant (Benjamin).
  Adolphe suivi de *Cécile* (S).
Diderot.
  Le Neveu de Rameau (D).
  Jacques le Fataliste (S).
  La Religieuse (D).
Dostoïevski.
  L'Éternel Mari (S).
  L'Idiot (t. 1), (D).
  L'Idiot (t. 2), (D).
  Le Joueur (S).
  Crime et Châtiment (t. 1), (D).

Le Livre de Poche policier